# 公共图书馆
## 服务体系建设

GONGGONG TUSHUGUAN
FUWU TIXI JIANSHE

王　欣◎著

吉林科学技术出版社

图书在版编目（CIP）数据

公共图书馆服务体系建设 / 王欣著 . 一长春：吉林科学技术出版社，2023.8

ISBN 978-7-5744-0802-9

Ⅰ.①公… Ⅱ.①王… Ⅲ.①公共图书馆－图书馆服务－研究 Ⅳ.① G258.2

中国国家版本馆 CIP 数据核字（2023）第 168770 号

# 公共图书馆服务体系建设

| | | |
|---|---|---|
| 著 | 王 欣 | |
| 出 版 人 | 宛 霞 | |
| 责任编辑 | 周振新 | |
| 封面设计 | 易出版 | |
| 制 版 | 易出版 | |
| 幅面尺寸 | 185mm×260mm | |
| 开 本 | 16 | |
| 字 数 | 205 千字 | |
| 印 张 | 12 | |
| 印 数 | 1–1500 册 | |
| 版 次 | 2023年8月第1版 | |
| 印 次 | 2024年2月第1次印刷 | |

出 版　吉林科学技术出版社
发 行　吉林科学技术出版社
地 址　长春市福祉大路5788号
邮 编　130118
发行部电话/传真　0431-81629529 81629530 81629531
　　　　　　　　　81629532 81629533 81629534
储运部电话　0431-86059116
编辑部电话　0431-81629518
印 刷　三河市嵩川印刷有限公司

书 号　ISBN 978-7-5744-0802-9
定 价　72.00元

# 前　言

自进入新世纪以来，我国的图书馆事业以惊人的速度迅速发展。以公共图书馆事业为例，大型或特大型图书馆建筑不断涌现，新技术设备不断引进，图书馆经费、藏书数量和读者服务规模持续创新高，社会关注度显著提升。公共图书馆的观念创新、管理创新和服务创新令人目不暇接。在各种创新性举措中，与国家公共文化服务体系建设同步的公共图书馆服务体系建设特别受到人们的关注。

近年来，国家对文化建设重要性的认识不断加强。为满足社会公众日益增长的精神文化需求，各级政府出台了相应政策，加快文化建设步伐，尽早建立完善的公共文化服务体系。公共图书馆作为公共文化服务体系的基石，服务于最广大群众，一个良好的区域性公共图书馆服务网群不仅提供所需的公共文化资源，还能让更多社会公众受益，实现均等化的公共文化服务。我国公共图书馆服务体系的建设是一项长期而艰巨的任务，需要相关部门优化结构、合理规划布局，努力使图书馆资源覆盖更广、普及率更高，让更多人民群众接受文化的熏陶，享受政府提供的公共文化服务福利。

由于时间仓促，加之作者水平有限，书中疏漏和不足之处在所难免，真诚地欢迎各位读者批评和提出宝贵意见。

著　者

2023 年 3 月

# 目　录

# 第一章　公共图书馆概述

进入 21 世纪后，我国的公共图书馆事业发展迅猛，为社会公共文化的发展做出了巨大的贡献。公共图书馆已经成为我国社会文明发展的重要文化机构。为了更好地加强我国社会公共文化服务体系的建设，丰富社会公众的精神文明生活，《中华人民共和国公共文化服务保障法》，2016 年年底通过审议，2017 年 3 月实行；为了推动我国图书馆事业的发展，促进公共图书馆更好地发挥公共文化的作用和功能，2017 年年底又推出了《中华人民共和国公共图书馆法》。❶这些法律法规的制订，有效地推进了公共图书馆的发展。

数据显示，到了 2020 年年底，我国各级公共图书馆的数量已经超过了3200 个，文化馆 3300 多个，村级的文化服务中心将近 60 万个。这些公共文化服务机构基本上都免费开放，有效地丰富了普通群众的文化生活，传承了中华传统优秀文化，也进一步弘扬了社会主义核心价值观，增强了文化自信，为提高全民族的文明素质做出了巨大的贡献。

## 第一节　公共图书馆的定义与功能

对于"公共图书馆"，许多人都会将其简单地定义为所有群众都可以"借书"和"看书"的地方。事实上，作为人类社会进步和文明发展的精神产物，公共图书馆在不同历史时期和社会发展阶段有着不同的属性和定义。

---

❶ 姚星惠，田燕妮 . 我国《公共图书馆法》中"应当"的法律含义与意义分析［J］. 公共图书馆，2018.

## 一、公共图书馆的定义

纵观东西方文化发展的历史进程，从不同的认知角度，人们对公共图书馆的定义都不尽相同。

### （一）图书馆的产生

图书馆诞生于公元前三千多年，记录了人类的文明与进步。在图书馆里，我们不仅能了解到人类灿烂的文明和宝贵的文化遗产，还能够搜索系统的、先进的信息资源，并能接受来自社会多方面的继续教育与指导。[1]从1985年出版的吴慰慈教授撰写的第一本《图书馆学概论》开始，一直到2019年的第四次修订版，学者们对图书馆学的基本理论和知识做了充分的研究和分析，纵观我国图书馆事业的宏观发展情况，并不断地修订图书馆的概念。在最新的版本中，吴教授认为图书馆是记忆存储和传递社会信息的载体，能够达到有效记忆社会发展的知识和信息、并将这些知识和信息进一步向更大范围的人群推广的目的。换言之，图书馆既是一个能够记忆社会知识和文化信息的有机体，同时也是一个将所存的信息扩散到各个不同地区的发展着的个体。

### （二）公共图书馆的发展

在我国，得益于财政的拨款支持和政府的统一管理，公共图书馆作为我国公共文化服务体系的主要组成部分之一，能够为全体社会公众提供关于信息的搜集、整理、保存、查询、借阅等一系列的相关服务，并保障人民群众继续社会化学习和享受终身教育的基本权益。所有走进公共图书馆的人都可以自由地阅览文献信息，学习相关知识，还可以参与辅助教学活动。公共图书馆的存在，可以有效保障全社会百姓充分获取信息资源。

公共图书馆与一般的高校图书馆和某些专业类的图书馆是不同的，其服务的范围更加广泛，服务对象没有特定的限制，服务内容更加多样。不论是老人还是儿童，男人或者女人，也不在乎所研究领域的差异，公共图书馆都会给予相应的服务，既包含一般的大众服务，还包括科研教育的科学服务。

[1] 钱学进. 新技术在高校图书馆阅读推广之研究［J］. 智库时代，2019.

从行政管理的角度看，公共图书馆包括国家图书馆，省、自治区、直辖市图书馆，地级市、地区、自治州、盟图书馆，县级图书馆和乡镇级图书馆等。❶ 其中，省、市级公共图书馆不仅是所在行政区域中的藏书、馆际互借和业务研究交流中心，还是对区域内中小型图书馆提供一定业务指导的机构。省市级公共图书馆主要是面向城市各阶层人民群众提供图书馆服务的机构，而县级图书馆则是面向本县各类人群提供免费服务的机构。

从管理的角度分析，我们可以清晰地看到图书馆从封闭到开放、从私有到公有的转换发展过程，并逐步凸显为公共服务的特性。进入到新世纪，公共图书馆向公众开放的力度和提供服务的区域更是成了判断现代公共图书馆的公共服务体系绩效的重要指标。在我国，非国有的公共图书馆少之又少。大多数学者认为，公共图书馆是一种为服务对象提供基础文化服务、知识服务、教育服务的文化机构。

综上所述，我国的公共图书馆是一个接受中央或地方政府财政支持的，保障所有公民都能享受到无偿的信息服务、社会教育服务、公益文化服务、知识娱乐性服务的公共文化服务事业单位。

## 二、公共图书馆的基本特征

作为由政府主导，面向全社会公众开展服务的组织机构，公共图书馆首先要满足人民群众的不同阅读需求，并在发展过程中保持公平，不断创新，以达到服务最优化、惠民效果最大化。因此，从所提供公共文化服务的要求来分析，公共图书馆具备六个特征。

### （一）公共特征

所有公民都是公共图书馆需要服务的人群。作为面向所有公众提供阅读服务的政府主导机构，公共图书馆对服务对象没有职业、收入、年龄等方面的特定要求，应坚持普遍性和均等性的原则提供有效服务。这一特征符合国际图书馆协会联合会定义的图书馆基本精神与服务要求。

---

❶ 张月英，张桂兰，吴荣霞.图书馆读者的主体地位探析［J］.图书馆论坛，2010.

## （二）公益特征

目前，所有的公共图书馆都不是营利性的组织机构，所提供的服务都属于公益性质的。公共图书馆是为了满足人民群众的普遍公共需求而提供公共服务产品的机构，其资金来源为财政拨款。我国的公共图书馆是全额拨款的事业单位。

## （三）均等特征

2018年开始实施的《公共图书馆法》中明确了公共图书馆为全社会提供公共文化服务产品时必须遵循公平、开放和共享的原则，用以保障该地区内所有公民都能够就近获得所需的知识文化资源。这样的公共文化服务是免费或低费用的，同时关注社会各类群体，使其共享多种社会文化产品和创新成果，由此表现出的特征就是均等性。顾名思义，均等意味着公共图书馆的服务是公众平等的，能够保障全社会公众的文化权益是平等的，可以实现公众文化素质水平的不断提升。

## （四）开放特征

《公共图书馆法》中明确了公共图书馆是公共文化服务体系的主要分支，应该为全体公众提供免费的/统一的/无差别的公共服务产品。其中，公共图书馆提供的公共服务产品是公益性质的，就是在保障所有服务对象的基本阅读权益的同时，也体现了其开放和包容的特质。公共图书馆的开放特征主要体现在公共图书馆的建筑物、服务的对象、开展服务的时间、读者获取服务的方式以及网络化的服务权限等方面。

## （五）创新特征

我国传统文化经过了世世代代的积淀和流传，延续了五千年后逐渐形成了中华民族特有的一种思考方式和思维逻辑，寓意丰富。在传承华夏文明和提升社会公民的文化素质水平的过程中，应保留传统文化的核心和精华，也要与时俱进、不断开辟创新。公共图书馆具有发扬传统文化的社会功能，应结合自身实际和发展需求，创新建立健全优质的传统文化传承体系，开展多样化的传统文化服务，丰富公共服务产品的多样性。

### （六）共享特征

公共图书馆是为了实现全民对公共文化产品全面、平等的需求而向全社会提供知识、信息和文化等各种资源。基于经济学研究理论，公共图书馆提供的服务产品是一种公共物品，具有获取的非竞争性和既得效益的排他性。公共文化服务产品是不会因为一部分人得到并使用了而影响其他人的获取和使用。这部分被消费和使用的公共文化服务产品产生的利益也不是专有的，不具有排斥性，是所有人都能够享受得到的。由此可见，公共图书馆是能够被全社会公民共享的准公共产品。

## 三、公共图书馆的功能

作为准公共产品和公共文化服务组织，公共图书馆的基本功能就是提供知识产品和文化服务，能够实现引导科学、积极、向上的价值观，增强民族凝聚力。

### （一）文献信息保存和文化信息传承

公共图书馆作为图书馆的重要类型之一，其基本功能是藏书。在漫长的人类发展历史过程中，不论是甲骨文，抑或是简策、版牍，甚至包括现代社会的精装书或数据化信息，都是人类文明发展的证明和历史前进的痕迹。在现代科技文明的世界里，我们更加需要对文献信息进行保存、对人类文明进行传递。所以说，公共图书馆作为信息存储、处理和交流的中心，必须要具备保存文献信息和传承文化信息的功能。

### （二）开展社会教育

公共图书馆作为开展公共服务的机构，应该履行社会教育的基本功能，通过公益讲座、免费培训、文化展览等多种多样的文化活动发挥其提升人民群众涵养、传播崇高文化的作用，为树立文化自信、构建和谐社会贡献力量。

提高公民文化素养和精神文明素质是公共图书馆服务读者的核心目的，一方面体现在以文献资料作为先进文化信息传播的载体，通过向公共图书馆的读者提供全面的服务内容，弘扬优秀的、先进的文化，服务于广大的人民群众；另一方面体现在以实现全社会公民终身学习和提升自我价值的平台，将阅读习惯转变为一种社会流行风向，有效实现社会教育的功能。公共图书馆通过举办丰富多样的文化活动，有效构建了良好的学习环境和文化氛围，不仅培养了广大读者的文化自信心，还能够让更多的公民在普通的事件中吸收到无形的文化滋养，推动社会教育的发展和进步。

### （三）传播科技文化

在经济全球化和社会发展的需求中，信息技术被广泛应用。图书馆从采访、藏书补充、藏书建设、文献资料编目、文献资料流通阅览、信息检索，一步步发展到信息资源建设。从 20 世纪 80 年代开始，由于网络技术和数字技术的广泛应用，传统的文献资源建设实现了信息数字化管理和建设。所以，在信息化、数字化快速发展的今天，公共图书馆作为一个城市的信息交流中心而存在着。在网络建设的基础上，现代公共图书馆由传统模式转变为电子图书馆、虚拟图书馆、数字图书馆、网络图书馆等，现代公共图书馆也逐渐实施了信息资源的开发、利用和共享的工作活动，发挥了传播科技文化的功能。

### （四）开创公共文化空间

目前，我国的公共图书馆基本实现了免费开放，并逐步提高了软件设备和硬件设施的建设水平，完善了各种各样的图书馆功能。在保留基本的借阅功能的基础上，越来越多的城市公共图书馆创设了优美舒适的阅览环境，开设了个性化的功能区域，扩充了数据资源存储，增加了多种多样的文化创新产品和活动场所。作为公共文化空间的典型代表，这样的公共图书馆成为了广大读者丰富日常学习生活和进行休闲娱乐活动的公益平台。

### （五）创新的咨询服务

自图书馆学成立以来，图书馆的基本属性就是藏书机构。公共图书馆是一个供广大读者借阅图书和查询参考资料的重要公益平台。考虑到服务时间与一般城市居民的工作时间有冲突，大部分的居民无法享受到图书馆的服务。所以，随着互联网的发展和智能移动终端的普及，在越来越多的读者的阅读习惯从传统纸质阅读转变为碎片化的电子阅读之后，公共图书馆也逐渐开发出了咨询服务的新功能。当遇到文献信息查询和获取等方面的问题时，人们不仅可以通过图书馆内的自主服务机器解决，还可以通过公共图书馆专属 APP 或网页界面等平台即时咨询服务人员。

### （六）实现有效沟通交流

通过公共图书馆，人民群众可以自觉、自发地查询文献资料和信息，这是公共图书馆的基本功能之一。为了满足读者的需求，公共图书馆必然要通过与读者互动沟通积极了解服务对象的信息需求和存在的问题。在多种多样的活动中，不同的读者之间也得到了交流和互动的机会，不仅能休闲放松，还能发挥个体的特征，实现有效沟通交流。

### （七）成为代表城市的名片

作为城市文化发展的代表，具有现代审美风格的各大城市的公共图书馆已经逐渐成为了城市的文化名片，不仅融入了广大人民群众的日常生活，还具备了向其他城市乃至全世界展示城市文化风貌的功能。读者们在公共图书馆内表现出良好的阅读习惯和积极的学习状态，代表着该城市居民的文化素养和精神面貌。

## 第二节　公共图书馆的使命与价值

公共图书馆的使命与价值是一种对图书馆所提供服务的内容和对象的规范，是对服务对象应该履行的责任与义务，并在实施服务活动过程中实现社会组织的价值。[1]对于公共图书馆而言，开展的服务活动及其服务内容都是围绕其使命来设计的，并进一步根据服务内容的价值分配资源。公共图书馆的使命

---

[1] 王丹阳.群众文化需求背景下公共图书馆社会职能拓展路径［J］.理论观察，2016.

与价值影响其服务体系的范围和服务水平。❶

## 一、公共图书馆的使命

### （一）公共图书馆的教育使命

科学文化普及和提高人民群众的文化素质水平是图书馆作为公益性社会组织的必然属性。在 1949 年的《联合国教科文组织公共图书馆宣言》中就已经明确了"教育使命"是公共图书馆的第一必然使命，必须基于成人教育之上，以教育机构的组织属性完成大众教育的根本服务，进一步发挥辅助学校教育和实现公民终身教育的作用。

公共图书馆为全社会公众提供了终身的可持续获得的知识和信息资源，是能够辅助教育机构开展义务教育和高等教育的场所，提供了个人发挥创造能力的平台。现代公共图书馆更是为了儿童和青少年提供了专属性的阅读场所，能够促进他们养成早期的阅读习惯，有效地激发想象能力和创造能力。

### （二）公共图书馆的文化使命

公共图书馆作为公共文化服务产品的提供者，是某一区域内的文化中心，具有明显的文化属性。除了教育使命外，公共图书馆的文化属性是随着社会的发展进步而逐步体现的。公共图书馆在有效加强公众对文化遗产的正确认识，切实提高公众的艺术鉴赏水平，并推动科学成果的转化和促进科学技术创新方面发挥了作用。

随着社会文化的多样性发展，公共图书馆也为公众提供了接触不同类型的艺术文化成果的平台。特别是在传统文化和现代文化的碰撞大背景下，公共图书馆面对不同文化类型的入侵和全球化加速的发展，保障了文化的多样性和合理性存在。

### （三）公共图书馆的信息使命

公共图书馆提供的公共文化产品中主要有图书和信息两种类型。公共图书

---

❶ 褚晓天.中职教师职业倦怠的成因及对策分析［J］.文教资料，2010.

馆的社会定位中也包含着"区域内信息提供中心"的描述。所以说，公共图书馆不仅具有教育使命和文化使命，还有义务向全社会的企业和公民提供先进的、充足的及全面的信息使用服务等。由此可见，公共图书馆充分认识到信息查询、传递、处理以及信息资源开发等服务的重要性，也肩负了促进信息技术发展的社会责任，更是对现代科学信息领域和信息产业的发展发挥了积极的促进作用。

特别说明，传统公共图书馆学中曾提到了公共图书馆的娱乐使命，是指公共图书馆应该为公民提供一个休闲娱乐的场所，以达到使人心情愉悦、精神旺盛的目的。因此，20世纪70年代，英国图书馆协会曾明确了公共图书馆具有教育、信息、文化和娱乐的使命。但是，在近半个世纪的研究中，有关休闲娱乐方面的研究逐渐消失了。在我国图书馆及相关学的科研究中，公共图书馆被看作是能够为社会进步、经济发展提供必要的文化教育服务的机构，并充分肯定了公共图书馆的教育、文化和信息使命。这些功能和使命还会随着社会发展和时代特点而不断调整和变化。

## 二、公共图书馆的价值

在各种各样的图书馆类型中，只有公共图书馆是政府投资建设，面向全社会公众免费开放、无偿提供服务的机构，明显具备公益特质。一般情况下，公共图书馆主要表现出两方面的价值。

### （一）公共图书馆具有提供服务获得的反馈价值

公共图书馆的基本特质是属于非营利性的政府公益性机构，衡量其发展的经济标准也不能只单纯地通过成本、价格、产值、效益等指标。我们在评价公共图书馆的基本效益时，必须要充分考虑其在面向全社会公众提供的服务中产生的价值和发挥的作用。所以，这种效益并不是直接通过公共图书馆的运营管理体现的，而是反映在每一位公共图书馆服务的对象创造的经济价值之中的。

### （二）公共图书馆具有促进我国经济建设的服务价值

自改革开放以来，在我国社会和经济建设的过程中，公共图书馆发挥了十分重要的促进作用。在市场经济体制下，生产者和经营者们通过最大限度地提高自身创造的经济价值来满足全社会人民群众不断增长的物质需求和精神需要。在这样的背景下，公共图书馆逐渐表现出对经济发展和社会进步的推动作用，并始终以促进文化建设的方式辅助经济建设，推动社会经济的高效发展。

### （三）公共图书馆具有制度保障价值

基于现代文化发展的角度分析，公共图书馆是建立在社会公共制度之上的。从社会制度的层面研究，社会公共制度有效保障了公民在享受公共图书馆提供的公共文化服务产品时的"公平权益"。所以说，公共图书馆在制度体系方面表现出了对"人人平等"和"知识资源享受自由"权利实现的贡献性。

### （四）公共图书馆具有信息服务价值

进入到 21 世纪，随着信息科学技术的发展和移动智慧化终端的普及，传统的实体馆藏资源已经成为了公共图书馆面向全社会公众提供有效的公共文化服务产品的限制因素。因此，当今的公共图书馆逐渐成为全社会的信息文化资源的中心，其传统资源的馆藏价值相对减弱，而对先进文化信息资源的存储和交换成为了公共图书馆目前最大的、最基本的价值。在信息资源开发和建设方面发挥的价值与社会公众的整体文化素质水平的提高、全社会精神文明的建设等表现出极为密切的关系。

### （五）公共图书馆具有促进全民阅读的价值

公共图书馆是一个能够向全社会公众提供丰富的阅读资源和舒心的阅读环境的地方，进而有效地促进了全民阅读活动的推广，这是公共图书馆的重要价值之一。首先，我们能够在公共图书管理免费享受到公共文化的服务，满足了公众文化获得、科技研究、休闲娱乐等方面的需求。这时，公共图书馆表现出社会公益机构的基本特质，是其促进人民群众积极主动开展阅读活动的必要使命和责任。在全民不断增强文化自信的大背景下，公共图书馆得到了快速的发展。越来越多的读者将公共图书馆作为学习自习、休闲娱乐、提升自我价值的场所，使其逐渐成为全民阅读推广活动的最佳阵地。另外，向人民群众提供优质的公共文化服务产品是公共图书馆的核心任务、工作内容和根本职能。公共图书馆在提升全社会公民对文化资源的需求、综合素质水平和整体文化水准等方面体现了积极主动的价值。

### （六）公共图书馆具有空间拓展价值

在数字化图书开发得越来越快、电子资源库构建得越来越完善的今天，人们对虚拟信息资源的需求量也日益增加。但是，传统的公共图书馆和纸质的文化产品并没有绝对消失。传统图书馆依然能够占有市场的一席之地的根本原因是公共图书馆具有一定的空间拓展价值。在公共图书馆中，纸质图书的存储和借阅活动的发生都需要一定的空间。所以，公共图书馆的传统空间产生的价值在消亡，逐渐突破了传统"阅读方式"的束缚，而表现出对第三空间的开发和利用，体现了公共图书馆的自由、开放和共享等特征。

### （七）公共图书馆具有文化象征价值

目前，我国各省市都开始重视公共图书馆的建立和管理，这是因为公共图书馆在文化潮流发展的过程中已经逐步地成为了象征城市文化的标志性机构。作为文化的象征，公共图书馆的存在意味着这一地区对文化建设的重视，也成为了该地区在国家之间和城市之间的竞争中的软指标。换言之，城市对于公共图书馆的财政投入，是城市公民的共同文化期待，是城市文化象征的强化效果。❶

## 第三节　公共图书馆的发展及制度沿革

### 一、公共图书馆的发展

通过前文的论述，我们可以清楚地知道，公共图书馆就是为了保障社会公众可以公平、平等地获取知识的权利的场所和机构。现代社会里，不论人种和

---

❶ 张长江. 探究价值体系研究视角变迁下的公共图书馆价值［J］. 同行，2016.

国籍，更不需要考虑年龄、职业、学历、经济条件等其他因素，只要产生了获取知识和信息的需求，在遵守公共图书馆管理制度的条件下，任何人都可以来到图书馆看书、查阅资料、学习知识。在这个过程中，公共图书馆都有效地保障了人类社会知识资源和信息资源在全社会范围内公平传播。不论社会发展到哪一个阶段，维持信息公平性都是图书馆制度的核心宗旨。

对图书馆的发展历史进行研究，我们不难发现其与城市发展之间的密切关系。在公元前 3000 年左右，人类第一座城市出现在世界文明的发祥地——美索不达米亚。同一时间，这座文明古城也诞生了人类的第一座图书馆——美索不达米亚图书馆。在欧洲文明的发祥地——希腊，也在公元 400 年左右出现了当时全世界最大的图书馆——亚历山大图书馆。古代文明与图书馆发展之间产生了"形影不离"的关系。❶

在我国，据历史考古所知，最早的图书馆应该是殷商时期的王城殷都小屯的一家皇家图书馆。在当时遗址的挖掘过程中，出土了大量的带有文字的甲骨文。因此，考古学家便推算出了这座图书馆的存在。我国真正的图书馆是从"藏书楼"的形式发展而来的。在人类社会发展和文明进步的过程中，随着知识资源的开发，图书馆的定位会发生相应的变化。大多已开发和收藏的知识都是以文字的形式记录在书本上来传递给后代的，这就是藏书楼形成的基本思想和根本意义。

藏书楼兴起于两汉魏晋南北朝时期，在隋唐五代时期开始蓬勃发展，直至宋元时期达到了空前盛世。在藏书楼漫长的发展过程中，出现了官府藏书、寺庙藏书、书院藏书等形式。北宋时期的皇家图书馆有很大的规模，藏书近 6000 部，7 万多卷。在北宋时期，有数量非常可观的官府藏书机构或单位，有属于朝廷的机构、也有供皇室成员使用的皇家藏书机构或单位，以及其他的一些藏书机构。其中，皇家藏书机构的数量最多，占比最大，是历朝历代官府藏书最多的时期。❷不仅如此，宋代有很多藏书世家，如山东的晁氏家族，在北宋末年是数一数二的藏书大家。

到了 18 世纪末期，我国社会出现了近代工商业雏形，图书馆也开启了新

---

❶ 程卫东. 城市发展与公共图书馆 [J]. 高校图书馆工作, 2006.

❷ 刘洪霞. 三宋官府藏书机构和官职的设置——北宋藏书文化研究系列之二 [J]. 河南图书馆学刊, 2007.

的发展篇章。进入到 19 世纪，大量公共藏书楼如雨后春笋一般出现在了全国各地。在 1904 年，湖南图书馆作为我国第一个政府主办的公共图书馆诞生了。不同于学校兴建的图书馆，或者是某一领域的专业图书馆和科研图书馆，公共图书馆就是给广大人民群众建设的图书馆，是市民获得知识和解答疑问的场所。因此，也有一种将"公共图书馆"比喻为"市民客厅"的说法。随着社会的进步和发展，公共图书馆的核心定位从未改变，其存在的价值和发展的方向永远都是要为社会公众提供最便利的文化服务。

与此同时，公共图书馆也逐渐发展成为了对公众越发有用的信息组织机构，为公众提供更多的文化娱乐空间，展现出了包括文化展示、文化教育、文化研究、文化交流等在内的文化功能。进入到 20 世纪，我国的大中城市都建成了具有城市特色的公共图书馆机构，这些公共图书馆已经成为社会公共文化服务体系的重要平台。

## 二、公共图书馆的制度沿革

在现代文明社会中，我们不仅拥有了先进的科技生产力、富饶的物质文明和丰饶的精神财富，还形成了先进的、人性化的社会管理制度。在这些管理制度中，最为根本的是保证社会公民的接受教育权、医疗保障权、救济保障权等基本权益在内的各种公益性的社会保障制度。这些基本保障制度通过使用公共资金建设而成的公共设施来向全社会公民提供免费服务的。正是这些制度的存在，我们的现代社会才有了温度，才能够让不同的人都能有尊严地生活，享有平等的权益。有了这些公益性的社会保障制度，社会阶层才不会固化，所有人才会有积极奋斗、不断努力的动力。

在所有公益性保障制度中，公共图书馆制度就是为了保障社会全体公民都能够公平地享受到获取知识、信息的权利。作为现代社会的一员，不论是生活还是从事劳动生产，每一名公民都沉浸在一个知识和信息的环境中，依赖海量的信息做出决策。不论是政治活动、学习研究活动、职场活动，还是个人的日常衣食住行、休闲娱乐、晚年养老等，都需要不断地获取信息和知识来维护尊严、发展潜能、抚慰内心，最终实现自我价值。每一个国家或地区的政府都为了保障每一名公民享有获取信息知识的权利而兴建公共图书馆，并建立了相关的管理制度。经过岁月的沉淀，人类文明社会进步的辉煌成就、人类无限的智慧宝藏和信息财富都藏在公共图书馆里，经过科学的有序的处理和分类管理，以最合适的形式和最便捷的方式呈现给世人。公共图书馆向所有人提供平等的、无偿的文化服务，包括藏书的阅读和借阅、阅读空间和相关设施的使用等。建立具备完善服务体系的公共图书馆可以打破空间的界限将资源和服务推广到更远的地方，让更多的公民可以就近享受到更加便捷的公共文化服务。

如此优越、先进的社会管理制度，是经历了漫长的岁月和无数前人千辛万苦的尝试和调整后才得以建立的。1847 年，大英图书馆的一名编制外的工作人员爱德华兹撰写了一篇讨论欧洲公共图书馆出现的各种问题的文章，引起了一定的反响。当时的下议院议员优尔特特别关注了这篇文章，并与爱德华兹一同合作开展调查。之后，为了实现向所有人公平和无偿地开放图书馆的目的，他们推动了英国公共图书馆立法，并由公共资金帮助市民解决看书的问题。当然，这个立法的过程非常艰难，很多人在不断质疑立法的初衷，即工人阶级免费看书的意义何在。

《公共图书馆法》于1850年通过，尽管在英国各地切实实施的难度较大，但其现实意义已经远远超过了公共图书馆本身。《公共图书馆法》的确定，体现的是一种具有现实意义和现代主义的图书馆精神。正因为这部法律的存在，公共图书馆才能够作为社会公共知识和信息的中心而存在，全社会的公众才享有获取实现社会管理和促进自身发展的信息资源，才能将图书馆事业变成真正的人民的事业。

到了 20 世纪，经过了两次世界大战的洗礼，全世界各个国家的社会管理者都认可了信息知识对于国家建设和社会管理的重要性，并不约而同地意识到科学的信息挖掘技术和快速的信息传播速度为全社会文明创造了不可估量的价值。更有一些具有远见的学者认为战争爆发的根源是不同民族之间及本民族内部群体之间的沟通交流中缺乏理解。如果需要在不同个体之间达成"相互理解"，就要保证人与人之间的信息知识流动做到自由和正确。正因如此，联合国教科文组织在第二次世界大战结束之后，提出了"阅读可以有效地提高不同国家和民族之间的沟通效率"的观点，并切实认识到沟通效率是防止国家和种族矛盾的有效方式，具有深远的意义。因此，为了实现这种有效的沟通，全社会就应该率先建立一种能够有效提高阅读的保障制度。

公共图书制度的出现，意味着每一位社会组织成员都可以公平地、自由地获取信息和知识了，这是提高阅读的基础。于是，《公共图书馆宣言》应运而生。这部宣言的出现，被认为是 20 世纪国际图书馆发展史中最伟大的实践之一。❶ 在这部宣言中，公共图书馆应该是发展平民教育的助推，能够推动国家之间和民族之间的谅解，更能促进世界和平。只有在现代民主下，公共图书馆成为民主信念的代表，才能够实现全社会终身教育的普及和实现。作为全民共享的民主化机构，公共图书馆必须依据科学、权威的法律进行建立和管理，也应该尽可能在全部由公共资金支持下建立，以此保障不同职业、不同信仰、不同阶层和不同种族的公民都可以享受平等的、无偿的公共文化服务。实现这样的宗旨，公共图书馆应需要充足的财政预算、全社会公众的支持和一支训练有素、拥有学识文化和无限想象力的图书管理员队伍。只有这样，我们才能够将公共图书馆看作是一个为全社会公民提供无偿的、终身的教育的人民大学。这部《公共图书馆宣言》不仅定义了公共图书馆的基本职能，还明确了公共图书馆制度的内涵。公共图书馆不再是一个简单地处理图书借与还的场所，而是能够有效促进国际之间的谅解和和平的组织机构。这一角度是一种将"服务读者"的图书馆理念进行了理性升华的表达。

在此之后，公共图书馆事业发展比较平稳。到了 1973 年，因为中东战争引发的能源危机，导致了世界经济的大刹车。经济危机对各国的经济发展政策和公共预算管理都产生了重大的影响。这时，各个国家都不同程度地出台了右转的管理政策，公有制度受到了私有化的严重挑战，导致大量公共设施私有化的情况出现。这一时期，公共图书馆事业遭受了难以想象的重创，人们开始了长达 20 年的关于"免费服务是否合理"的讨论。

随着科学技术的进步，互联网经过了三十多年的发展逐渐对社会生产生活产生了越来越大的影响，特别是信息知识获取的方式因为互联网的普及和数字技术的发展变得十分便利和及时。由此，公共图书馆提供的信息知识服务对公

---

❶ 韩珏.一部世纪图书馆学波澜壮阔的画卷——读《20世纪西方与中国的图书馆学——基于德尔斐法测评的理论史纲》随感［J］.高校图书馆工作，2006.

众而言已经失去了原有的必要性。在图书馆的研究领域中，不论是公众还是身在其中的管理者、研究人员，都产生了质疑。尽管如此，公共图书馆事业并没有因此而停下脚步。只要这个社会还需要对信息实行基本的保障措施，那么，当没有比共图书馆更好的机构出现之前，我们依然需要公共图书馆保障社会信息的公平性。❶因此，不管社会如何发展变化、科技如何日新月异，公共图书馆都会存在，也会继续发展下去。

---

❶ 范并思. 认识公共图书馆的制度意义——重读《公共图书馆宣言》[J]. 图书馆建设，2019.

# 第二章  公共文化服务体系概述

公共文化服务本身就是公共服务中一个重要构成部分，主要目标是维护和保障我们公民的公共文化生活权利。早在 2005 年，我国就已经在第一个五年计划中明确地提出了公共文化服务这一基本概念。

2011 年，在党的第十七届六中全会上，也说明要深化文化体制的改革，进而提出了按照传统文化的公益性、基础性、平等性以及便捷性的原则和要求，使得广大人民群众能够拥有免费抑或是优惠的公共文化服务。❶

2013 年，中国共产党的十八届三中全会中也已经明确指出了一定要从根本上构建一个标准化、均等化的现代公共文化服务体系，推动我国文化体制机制的创新。

2017 年的 10 月 18 日，党的十九大的工作报告中明确提到：一定要继续加快建立健全公共文化服务体系，要更加深入地开展好文化惠民的建设工程，丰富广大人民群众的文化生活。因此，在这一时代背景下，我们国家的公共文化服务成了相关学者们研究的重点对象。无论是政治学、社会学、文化学的学者，还是图书馆学的学者，也都有了明确的研究方向。在对公共服务进行研究的基础上，也开始探索公共文化服务各方面的内容。对公共文化服务这一问题进行深入的研究，会涉及更多的专业和领域，研究视角也会比较宽阔。通过梳理我们国家的研究文献资料，充分分析和总结当前我国公共文化服务的一些研究成果，能够为我们国家的公共文化服务理论研究及实际工作提供一定的参考和借鉴，这样，不仅可以建设一个均等化的公共文化服务体系，还可以建设一个标准化的公共服务体系。

---

❶ 黄景贵，武亚楠，李建秀. 深化文化体制改革丰富海南国际旅游岛内涵建设［J］. 海南广播电视大学学报，2011.

# 第一节　公共服务理论的研究

政府的职能有很多，公共服务就是其中之一。现阶段，为了顺应当今时代发展的需要，政府需要转变自己的职能，而对于公共服务这一职能来说，政府需要转变为公共服务型的政府。[1] 随着我们国家的改革开放政策经历了几十年的发展，我们国家已经走向了改革的中心。现如今，我国的经济体制改革正处于一个重点调节自身利益关系的时期，进而迈向一个攻坚时期。正是由于我们国家政府之间的改革将会直接影响经济制度和政治制度改革，因此，在我国改革的攻坚阶段，政府的管理体制改革是一件十分重要的事情。对政府来说，改革主要就是转变早期的政府公共服务职能，变成公共服务性的政府。然而，在实际工作的过程中，政府对公共服务理论的认识仍然存在着很大的不足，这正是亟须解决的一个问题。

## 一、公共服务的含义

至今为止，有关公共服务的含义，主要有以下几点：第一，公共服务其实就是我国政府一直都在努力强调的为广大人民群众服务；第二，公共服务主要泛指国家机关公务人员的基本职责及其工作的根本属性；第三，公共服务主要泛指地方政府为了对市场的各种缺点进行纠正，促进我们国家经济的长远发展而做的一系列工作；第四，公共服务主要泛指地方政府在利用相应的公共组织对一些公共的物品进行开发、生产、供给的过程中，需要自己承担的一种社会主体性的职责。[2]

对于前三种含义，有很多专家或者学者在研究时会普遍认为，不能把公共服务和为人民而服务的概念完全等同，因为它将行政机关具有政治属性

---

[1] 邱均平，李小涛．公共文化服务标准体系的基本理论问题研究［J］．重庆大学学报（社会科学版），2015.

[2] 胡志平．中国农村公共服务非均衡供给的政治经济学分析［D］．上海：复旦大学，2010.

的概念完全地混合到了行政机关职能的概念里。公共服务就是政府的一种功能，是政府在自己管辖的区域内，向全体群众提供的。而与人民并存的每个称谓也都不可以同时与公共服务的内容相提并论，其中包括市民、公民等。同样，我们也不能将公共服务看成是政府及国家各级公务人员履行的权力、职责与工作。如果我们这样认识公共服务，那么政府的其他公务人员也就不能真正地把握好自己的职能范围与边界。公共服务作为政府的基本功能之一，应当从微观和具体的角度去准确地把握。第四种基本含义也直接地凸显了公共服务主体的权利与职责的边界，这种描述可以为决策者在围绕此领域需要做的制度化工作安排、相应的法规和政策及其实际工作指明方向，可以有效地帮助我国政府明确职能，还可以帮助政府处理好与市场、企业、社会等之间的关系。由此我们可以得出，公共服务不仅对发达国家有帮助，对于像我们国家一样一直处于经济、社会以及行政管理等转变的改革国家而言，更是具有十分重要的指导作用。

有一些学者会认为，公共服务具有直接性和具体性的特点，可以使公民及其组织的某些需要得到满足，过程中利用了公共的权益或者公共的资源。也就是说，公共服务本身就是利用了公共权益或者公共资源的一种生产活动过程，其主要组成部分也就是公民及其组织，公共服务必须能够充分满足公民及其组织的根本需要。学者们会认为，在建设公共服务型的国家或政府时，所有公职人员开展的工作并不都是公共服务，仅有一部分属于。不仅如此，我国政府的其他职能也会持续进行转变，其中包括市场的监督、经济的调控等。这也就证明，公共服务与其他三项政府职能相比是有区别的。但依旧有学者认为，在市场经济的条件下，政府职能的本职工作就是公共服务。不管是经济调节、市场监管，还是社会服务，它们的本质都是公共服务，这也就说明，将政府对经济的管理及控制，限定在公共服务的范围内，强化公共服务的理念及公共服务的职能，是当今时代市场化改革以经济建设为中心对政府作用的一种客观性要求。

## 二、公共服务的理性

### （一）公共服务的价值基础是实现普遍人权

国外许多公共服务的推广和实践都来源于对人们的关爱，这类观点也在欧洲宗教中得到了强化与反映。例如，天主教就把那些对有助于促进世界各地社会凝聚力、团结仁爱的慈善事业视为自己的事业；犹太教与基督教需要每一位成员履行其在生活共同体中应该负有的人道之义与责任。中国在第十届二次人民代表大会上通过的宪法修正案也对维护人权的问题有了更加明确的规定，这也足以彰显我们国家与国际对人权维护原则的有机融合策略，进而为我们国家的公共服务型政府构建奠定了坚实的宪法基础。

### （二）公共服务的基本依据是公民与国家的关系

从我国的政治理论角度看，一个具备特定公民身份和地位的个体，对于一个国家而言，就已经与其有某种契约性联系，他在该国政府权力的实际行使上产生了一定的作用。所以我们可以说，政府也会肩负着对我们国家人民群众的生活条件负责任的职责。政府需要为我们的社会主义公民们营造一种体现出人们尊严及个性的生活氛围，从而使广大人民群众可以在社会中感受到平等及自由，在遇到问题时可以获得政府的支持以及帮助，可以使得广大人民群众感受到国家带给他们的安全感，进而相信，国家是可以依靠的。❶

### （三）公共服务的现实经济动因是以需求促供给

公共服务其实也就是通过政府花钱向社会群众提供一些公共的产品及其他服务，在市场中占据了非常大的比重，是一种消费的方式。因此，它也就成了社会福利国家政府通过扩大生产力的需求、提高供给，促进我国社会主义市场经济健康发展的一个主要方式。

---

❶ 王征国．着力推进中国特色公共文化服务体系建设［J］．中国井冈山干部学院学报，2013．

### 三、公共服务的范围

现在有很多学者认为，公共服务涉及的领域包括生产和供给两个方面，主要可分为三大类，涵盖了比较纯粹的一系列公共物品、混合的一系列公共物品及生产弱竞争力与消费的弱选择性商品。

比较纯粹的一系列公共物品主要是指政府对一些危机的管理及一些公共基础设施的管理等。通常情况下，对比较纯粹的一系列公共物品来说，政府会对它们承担着主要责任。而在这其中，公共基础设施的管理隶属于政府融资的一部分，在开展这一工作的时候可以依靠公共财政进行。在生产这些公共物品的过程中，政府可以通过采购及内部竞争承包的方法来进行。❶

混合的一系列公共物品与比较纯粹的一系列公共物品不同，是需要经过特别处理的。通常情况下，有一些资源类型的公共物品，为了避免交通运输中的堵塞及过度浪费，就可以直接通过委托一些隶属于政府的公用事业单位或组织按照盈利化的原则，对使用人员收取成本费，来进行经营管理控制，其中最常见的有城市公园、公共图书馆等。

生产弱竞争力与消费的弱选择性商品主要是邮政、电信、饮用水供应系统等。在实际进行消费的过程中，它们属于一种私人物品，但正是因为这些产品具备了网络的特殊性质及市场规模化的效果，也就会使得它们在生产上具备较强的竞争力，而且很有可能会大大削弱人们的实际选择和在消费上的权利，对实际的生产过程也将会带来很大的制约作用。正是因为这个领域的融资不能单独通过市场及政府手段进行，因此，工法会就需要对这些领域的融资提供一种更加折中的解决办法，也就是通过赋予工商企业的专利或者经营权进行融资及生产，而政府就需要对这些领域的融资提供监管及法律规制的责任。

### 四、公共服务的模式

由于每一个国家的国情都会有所差异，因此，在这个世界上，每一个国家的公共服务模式也会拥有着一定的差异。不过，在一般的情况下，各个国家

---

❶ 赵素卿.公共服务理论研究概述［J］.中共山西省委党校学报，2005.

的公共模式也主要分为三种：第一种是自保加上公助的模式。自保加上公助的公共服务模式主要泛指在各项公共服务的工作中坚持落实相应的政策，进而对竞争的机制及激励的机制进行有效的融合，并引入其中。❶这种公共服务模式的代表国家主要为美国与法国；第二种是既全面又公平的模式，泛指以维护社会的公平为主，以国家作为前提，对于广大人民群众进行一系列政策上的保证。❷这种公共服务的模式代表国家主要为北欧与英国；第三种是以效率为主的模式，是指利用政府立法等手段，利用一些个人及其家庭的财产和储蓄资金进行自我保护，这种模式最具典型的代表性国家就是新加坡及智利。由此我们可以知道，公共服务的主要内容就是对社会的基本保障和社会福利，要想正确地选择一种公共服务的模式，一定首先要综合考虑到我们国家的国情。

## 五、公共服务的实现形式

提供公共服务作为政府的一项重要职责，必须由政府间接介入，但却未必会由政府提供，而且公共服务的具体实现方式也是各种形态的，它要依托的组织结构也具备很多种类型。现阶段，学者们在公共服务主体多元化方面的争论很少，可在推进公共服务的市场化和民营性方面产生了很大差异。

有的专家学者这样认为，随着当今时代我国特色社会主义市场经济的不断进步与发展，公共服务的市场化将逐渐成为未来发展的一种必然趋势，而且这样的市场机制对公共服务的推动力作用也将得到一定程度上的发挥。因此，市场化的关键就是竞争的机制，只要引入竞争机制，公共服务的质量就一定可以得到有效提高。

另外一些专家学者这样认为，将我们国家与一些发达的国家进行比较可以发现，我们还是存在一定缺陷的，例如，政策没有很成熟。因此，我们国家就需要在进行公共服务的过程中进行精准的判断及理性的分析，以利于我国的公共服务实现市场化。❸一些发达国家在开展公共服务的过程中具有市场性的法

---

❶ 周缨.基于生态链的创意产业公共服务研究［D］.上海：复旦大学，2008.

❷ 高冰.甘肃省基本公共服务均等化的财政思路与对策［J］.财会研究，2008.

❸ 马力宏.公共服务挑战和创新——首届中欧政府管理高层论坛热点问题评述［J］.中共浙江省委党校学报，2004.

律以及政策规定等，与我们国家的公共服务存在着很明显的地域差异。西方的公共服务市场化是一种强有力的社会公共服务自治能力，是对政府进行过分管理的一种有效回应。而现如今，我们国家正逐渐进入从计划经济到市场经济转型的时期，市场的机制也没有很健全，又缺乏法治。因此，对市场制度的约束及经济个体的自律来说，这些作用都是十分有限的。

现阶段，有一些专家学者将我国公共服务民营化的发展与发达国家的公共服务市场化进行了比较。通过对比，我们就可以更加明显地看出，在对公共服务的治理进行改革的过程中，民营化被认为是一种走向国际化的社会潮流趋势，主要是通过一系列的化公为私、公企结合的方式，引入市场竞争的机制，这样就能够有效地提高管理的科学性和效率及其服务质量，实现社会治理的目标。我们的国家在引入了这一体制改革的范式之后，已经开始呈现出治理模式的合法性和有效性，其主要特点为：公共服务的生产和供给成本得到了大幅度降低；公共服务的质量得到了大幅度提高，广大消费者的购买选择权得到增加；充分运用了民间资本进行建设，解决了当地的财政困难和城市在发展中的矛盾。

有一些学者也指出，对推进公共服务市场化的改革，如果因为过分注重对经济效率的考虑，忽略了公共行政管理和私人行政管理之间的差异，以牺牲政府的社会公共责任作为代价，那么这就是公共服务的市场化。从实际工作情况分析来看，公共服务市场化带来的问题主要体现在两点：一是社会上普遍出现的公共服务职业责任感不足。当前我国的公共服务产业市场化后，政府把其提供公共服务的功能全部转包给了政府机关，而非政府组织则直接承担起提供公共服务的功能。在市场化的体制下，这些组织机构均存在着一种盈利的取向，为了更好地追求收入的最大化，它们很有可能会完全忽略公共责任与公共利益。而政府已经把公共服务的功能全部转包，往往会出现推卸责任的情况，进而造成公共服务的责任很难得到落实。

二是社会上一些公共服务不公平等问题。公共服务本身就具备一种非选择性特点，对社会公众而言，公共服务也是十分重要的。因此，公共服务的供给必须要能够做到公平和公正，体现出它的公共特征。从最简单的意义上讲，也就是为了让服务在整个社会中具备一种普遍意义，并非为少数人独家分享。从传统意义上分析，公共部门在为社会群众提供各类公共服务的同时，往往包括生产者和消费者之间的利益分配关系，公众向社会群众支付费用，政府向社会群众提供服务。在完全排除社会上的特权和腐败这两个基本前提下，一般也不会因此而出现任何的利益差异。然而，在市场环境条件下，单一的需求关系可能会被打破，这是由于企业会更加注重获得最大的经济利益，在这一条件下，企业就会遵循相应的市场竞争制度来选择一些可以获取利益的服务。同时，对于一些不能获得较多经济利益但又必须提供的服务，企业就会在提供服务的过程中产生消极及懈怠的心理；第二个原因是由于公共服务的市场化会更注重以客户为主。通常情况下，客户会选择利用货币交换的方式对相应的服务及商品进行换取，客户支付的货币数量也就决定了商品及服务的实际质量。❶公共服务的市场化往往能够导致支付能力较弱的公众只能享受到相对较低水平的服务，导致公共服务价格的等级化。因此，我国在推进公共服务市场化改革中，应该更加注意这些方面的问题，既要充分利用市场的积极作用，又要尽可能最小限度地约束和克服其他行业市场化带来的各种负面效应。

# 第二节　公共服务体系的含义

## 一、公共服务体系的含义

公共服务体系泛指以政府部门作为依托，将提供基本而又具有保证的公共产品作为主要的目标和任务，将广大人民群众共同分享改革和发展的成果作为根本目标。

胡锦涛同志曾于 2008 年说过，要想建设一个公共服务体系，可以从三方面入手：第一，一定要以我国经济的发展作为基础，结合当今时代我们国家的经济发展现状建设公共服务的体系。通常情况下，建设公共服务体系就是为了

---

❶ 郭巍巍 . 浅析公共服务的市场化改革［J］. 魅力中国，2009.

惠及人民，实际的建设步骤也必须遵循可持续发展及准确把握水平的原则；第二，对公共服务体系的建设来说，其最长远的发展目标之一便是基本实现政府公共服务利益的均等化，这也恰恰是对服务型政府体系构建的一个重要价值追求，但这个目标还需要进一步努力。在实际开展公共服务建设工作的过程中，政府需要立足于实际，对公共服务的范围、供给水平、政府与财政之间的关系进行处理；第三，在实际开展公共服务建设工作的过程中，最关键在于我们要进一步地创新和完善我们国家公共服务管理的相应制度，改变公共服务的渠道以及方式方法，进而初步建立一个公共服务提供的社会及市场主体共同参与的机制。通过公共财政、社会组织、企业等多种方式的合作，彰显了财政资金的公益性价值，从而有效地改善了公共服务质量及在公共服务中产生的经济效益。

## 二、公共服务体系的特征

在历经多年的经济体制改革之后，中国共产党的第十八届三中全会提出了进一步实施现代公共文化服务体系的总目标和任务。现阶段，我们的国家正经历着从传统公共文化服务体系到现代公共文化服务体系的转型关键时期。因此，只有正确地掌握好当今时代公共服务体系的基本特征，才会真正做到促进我们国家现代公共服务体系的建设及长远发展。

### （一）体制的改革性

构建当今时代的公共文化服务系统，其实最主要的目标也就是进行一种体系的建设。一直以来，体制改革被认为是推动我国文化进步的动力和保障。再次回首我们中国公共文化服务几十年来的发展史，可以说这就是一场文化产业的发展与体制变革相互交织而成的实践。现代公共文化服务体系的提出便是通过深入地推进文化制度改革，促进我国社会主义文化大发展、大繁荣的一项创新工作，它具有很明显的变革性。如同大多数专家学者所想，当今时代建设的公共文化服务体系事实上就是对传统的文化事业管理体系进行了优化及改革，是以传统的文化事业管理体系为基础进行的创新。简单来说，公共文化服务体系的发展模式会由体制决定。对公共文化服务体系的发展模式来说，对体制进行改革，就是自身进行优化的一个过程。同时，公共文化服务体系的发展质量及发展中获得的效益都会受到体制改革的影响。❶

### （二）发展的规范性

规范可以确保事业高效发展，同时也是进一步实现发展的前提。发展也一定要以规范为基础，只有以规范为基础进行发展，才可以顺应当今时代发展的趋势。而反之，虽然可能会在短期内带来一定的效益，却仍然存在着很大的风险，不能持续多年。我们都明白，转型升级是当今这个时代我国经济社会发展与进步的时代性课题。可是在现阶段，经过多年的探索和发展，中国公共文化服务体系的建设整体也已从一味地追求网络全覆盖扩张模式，转变成了当今以提升服务水平以及服务效能为主的增长模式。这也就证明，我国社会主义现代公共文化服务体系的形成与发展已从早期形成阶段，逐步转变为规范化的发展时期。并且，当今我国的公共文化服务体系标准化、均等化建设的宗旨及其他相关的建设标准也都充分说明，只有更多地注重并且大力加强发展的规范性，才能够成为当今时代我国现代公共文化服务体系建设的推手。

依据其他国家已经成功的经验，立足于我国的实际，现如今要增强我们国家的现代公共文化服务体系发展规范性，主要有以下几点亟待突破。第一，建立健全科学化、民主化管理的体制和机制，利用规范化管理的机制和体制推动我国社会现代公共文化服务体系的规范化发展。第二，加强顶层设计，加强行业发展的专项规划，综合运用法律、政策等多种形式，对当前我国现代公共文化服务体系在各个领域建设中存在的多方面问题给予了针对性的规范。第三，关注当今世界先进的网络信息技术在国内外的引入和利用，并通过网络信息技术在行业中的标准化和规范性，推动当今时代我国公共文化服务体系的标准化及规范性的发展，从而进一步加速区域性创新产业的统筹发展及资源共建。

### （三）服务的创新性

服务可以体现出价值，创新可以引领着未来。现如今，我国的公共文化

---

❶ 陈会谦，任左菲，冯皓莉.现代公共文化服务体系基本特征探析［J］.农业图书情报学刊，2017.

服务体系就是对传统公共文化服务体系的一种转型及升级，它的产生和发展主要侧重于对服务的创新，利用这种服务创新方式来满足人们日益增长和发展的文化需要，并在这种创新中不断地提高服务水平以及提高服务质量，这也是当今时期我国公共文化服务体系建设的一项根本性任务。从客观角度出发，在当今时期经济世界的全球化及我国后现代经济社会主义思潮的推动下，随着我国经济社会发展水平的提高，再加上经济社会信息化、网络化的发展，人们在各种文化生产方式以内容上都会有很明显的变化。面对当今时代社会人们更加多元化的生活和文化要求，传统的公共文化服务体系由于理念陈旧、服务手段固定、内容老化、效益低下等原因，已经无法适应当今时代社会发展的实际需求。因此，在这样一种时代背景下，对服务的理念进行更新、对公共服务的方法和模式进行创新、对公共服务领域进行扩展，已成为我国推动公共文化服务体系建设的战略目标与发展方向。在服务理念的更新过程中，将继续坚持两种模式的改革：其一是转变了传统事业单位体制下，以人民群众为主要服务目标的现代化管理模式，牢固树立以人民为主体的工作理念；其二是转变了早期计划经济背景下，公共文化服务只是政府为广大人民群众提供服务的固执思想，树立了在社会主义市场经济的条件下，市场、政府、社会多元性需求的供给，全面适应广大人民群众多样性发展要求的新理念。

在对其服务模式进行创新的过程中，一定要拓宽工作思路，将传统的偏向于为消费者提供差异化和个性化的文化服务形式转变为多种服务协同的形式，即文化内容、空间、设施、活动服务并存；将传统的偏向于为消费者提供阵地服务的形式转变为多种服务协同的形式，即数字化、流动化服务并存；将传统的偏向于为消费者提供差异及个性化服务的形式转变成为差异、个性并存的服务。在对公共服务的领域进行扩展的同时，一定要坚持大众化的发展，不仅要实现对传统公共文化服务认识的提高，还要按照当今时代各个国家不同的公共文化服务发展现状，将早期与公共文化服务有关的艺术、教育培训、民俗活动等行业渐渐地纳入当代的公共文化服务体系建设中来。

# 第三节　公共图书馆与公共服务体系之间
# 的内在联系

各个国家的公共文化服务体系可以表达出人们对美好生活的殷切向往，这一体系就是政府为了满足国家的物质文化需要及广大人民群众的精神文化需要，对一系列的公共文化服务提供了更加基础化的保证，具备公益性、平等化等优势。[1] 主要就是为了给广大人民群众提供优质的文化服务，保障他们日益增加的文化生活需求。党的十九大的胜利召开，表明了我国现在正处于新时期经济发展的关键阶段，体现出文化的建设必须立足于新时期我国经济发展的根本框架。因此，我们要想真正实现公共服务文化建设，就必须要与我国公共服务体系建设的各种内容和规律等相互协调，并保持统筹一致。只有这样，才能够更好地推进我国公共服务体系的建设。

要想构建社会主义和谐社会，就需要具有一定的文化精神。从一方面来讲，只有明确公共图书馆作为知识的充电站，才可以真正最大限度地发挥公共文化服务体系的价值。通过分析当前我国经济社会发展的情况，可以发现，在建设公共文化服务体系的过程中，公共图书馆会占据着十分重要的地位，并彰显出十分重要的价值。对公共文化服务体系来说，公共图书馆与博物馆等性质相同的载体均为组成公共文化服务体系的一部分。从另一方面分析，公共图书馆与公共文化服务体系息息相关，两者都处于一个统一体当中，相互促进、共同成长。[2] 建设公共文化服务体系能够为公共图书馆的职能和结构创造一个科学性的发挥平台。同时，作为公共文化传播以及推广的主要媒介，它的现代化发展也必然会受到社会和国家的高度重视。随着时代的发展，在我们国家的公共文化服务体系当中，公共图书馆就是一个十分重要的介质。

首先，公共图书馆是一个公益性场所，其实际的功能就是一种公共文化服

---

[1] 李鹏.公共图书馆与创建公共文化服务体系之间关系的实践探索［J］.理论观察，2020.

[2] 窦瑞洋.我国公共图书馆服务体系建设的现状与构想［J］.科技情报开发与经济，2013.

务。在公共图书馆当中，会储藏着很丰富的图书信息资源，在对广大人民群众实施免费、平等开放的工作过程中，也可以给广大民众们提供各类有益的信息和文献资料，从而充分反映和突显出公共图书馆的社会公益性特点，体现了公共图书馆的社会文化服务体系基础。由此我们可以清楚地看到，两者具有非常相似的公益性。

其次，公共图书馆会对公共文化服务体系的实际内容进行展示。从一方面分析，在公共文化服务体系当中，公共图书馆就是其中一种基本表现形态，拥有着比较完善的体系结构。并且，利用丰富的图书来提供服务支撑，具有范围广、涵盖内容多等特征。直至今日，公共图书馆也在多年的不断发展中得到了完善。❶ 由此我们可以得知，公共图书馆就像是一个持续生长的有机体，能够展示公共文化服务体系的基本要义，并在推广及传播的过程中发挥着十分重要的作用。

最后，公共图书馆的发展与公共文化服务的体系是息息相关的。公共图书馆能够把比较复杂的文化资源进行整合和分类，从而能够形成有序的总体规划，以利于为广大人民群众的生活提供便利。从另外一个角度来讲，公共图书馆的建设和发展能够有效地提高我国民众的知识素养，营造良好的社会风气，为我国经济社会的发展奠定文化的基础。由此我们可以得知，公共图书馆作为构建公共文化服务体系的一个重要因素，在公共文化体系建设方面具有十分重要的作用，公共图书馆与公共服务体系两者之间紧密联系，互相促进，缺一不可。

---

❶ 李鹏. 公共图书馆与创建公共文化服务体系之间关系的实践探索 [J]. 理论观察，2020.

# 第三章　公共图书馆的服务原则和服务功能

公共图书馆作为社会公共文化服务体系中的重要部分，发挥着传播知识、信息交流等各种各样的职能，是人们学习的一个主要阵地。若公共图书馆得到了长远的发展，就可以在我国社会的信息公平及信息保证的工作中发挥出积极的促进作用。

为广大市民提供服务的综合性图书馆就叫作公共图书馆，通常情况下，由地方政府的税收给予支持。公共图书馆与其他图书馆不同，服务范围比较广泛，包括了孩子与成人，也就是全体普通居民。有些公共图书馆会收藏一些期刊杂志、公众信息等，还会有一些公共图书馆，会通过对互联网技术进行应用，收集一些与当地特色文化相关的书籍及资料，还会提供一些社区的活动。[1]

一般来说，公共图书馆是由国家及各个地方政府投入资金成立的，不仅可以为阅读者提供服务，无论是儿童、老人、还是工人，都拥有享受这一服务的权利。对于发达国家的公共图书馆来说，主要是通过社区组织建立的各类图书馆，通常都是按照其所属州或者市的相关规定对图书馆进行相关立法的设置，并依赖地方当局审查后批准的地方图书馆管理机构部门进行监督和管理，经费主要取决于地方政府的税收。在苏联，公共图书馆可以分成很多类型，其中最常见的有国家图书馆、城市图书馆、乡镇图书馆和儿童图书馆等。在我们国家，主要是由国家及社会人民群众组织提供服务，依据行政区域进行立法设置，并由政府各级的文化部门进行领导，其中包括国家图书馆、自治区图书

---

[1] 李远. 浅谈公共图书馆的儿童阅读推广工作 [J]. 卷宗，2015.

馆、县图书馆和街道图书馆等。

公共图书馆建设是推动经济、社会文明进步与发展的必然结果。在历史时期，曾经涌现了许多具有公益性质的图书馆。比如说，古罗马的公共图书馆会向城市的自由人开放；欧洲的贵族和僧侣图书馆会对学者或部分居民开放。16世纪，马丁路德等提倡的德意志城镇图书馆也可以服务于一般的市民。18世纪，英国、美国等出现了会员的图书馆。直到19世纪，其他国家也开始兴起了公共图书馆，主要有三种特征：首先，可以向所有的居民开放；其次，经费来源于地方政府的税收；最后，公共图书馆的设立及经营需要有法律依据。在19世纪50年代左右，英国的一次议会通过了《公共图书馆法》，并取得了很好的进步。美国在波士顿市同样通过了关于公共图书馆的立法，各个地区和州积极推行。其中，纽约公共图书馆是目前美国规模最大并且发展最强劲的图书馆。苏联在十月革命之后，公共图书馆也开始得到了很好的改善和发展，直到1980年，经统计总共有十几万所公共图书馆已经建立完成。

## 第一节　公共图书馆的基本服务原则

一般来说，公共图书馆的基本服务原则可以分为四个方面，即开放、公益、公平及共享。[1] 对公共图书馆来说，其服务的本质就是开放性、公益性的原则，这也正是核心。而公共图书馆的各项服务、管理制度及其目的，就是公平和共享的原则。开放会成为公共图书馆提供服务的一个重要依据，公平、公益和共享也会在开放中得到展示。共享是公共图书馆提供服务的宗旨和目标，并利用开放、公益、公平的服务方式来实现。这四个原则互相促进，不可分割，可以贯穿于公共图书馆服务工作的整个过程。

自20世纪80年代以来，受到市场经济的浪潮影响，我们国家的图书馆也同其他的文化教育事业一样，历经着发展方向、体制模式的不断改革。而图书馆服务是否能够市场化、商品化等问题引起了人们的高度关注。公共图书馆

---

[1] 刘露，孔玲，邱晓辉.读《山东省公共图书馆管理办法》有感［J］.科技文献信息管理，2016.

作为公益性服务的图书馆，无论是过去还是现在，都会对贯彻服务原则的方法拥有着不同的认识及实践。因此，我们有必要对公共图书馆的服务原则进行探讨。

## 一、公共图书馆服务的总体原则

通常情况下，公共图书馆的每一项基本服务原则都是图书馆提供服务的一种准则。公共图书馆的性质会直接决定这些基本的服务原则，同时，这些基本的服务原则也会为公共图书馆的每一项工作而服务。一般来说，公共图书馆的服务原则就是图书馆服务的规范及准则，进而对图书馆的实际形象进行折射。从目前的情况来看，专家学者们对公共图书馆基本服务原则的学术研究成果还比较少，但在《公共图书馆宣言》中，会涉及一些有关于公共图书馆基本服务原则的论述。一般而言，公共图书馆的基本服务原则包含很多种，其中主要涉及人文、民主、公平、适度、公益、多样化等一系列原则。实际上，在这些基本服务原则当中，有很多都并不能真正归属于公共图书馆的基本服务原则。❶例如，人文原则主要是指各个原则的精神及理念，不应该作为原则本身；民主原则的范围比较小，对民主进行分析及延展，我们可以发现，其中包含着其他所有的原则，也会使得在实际进行操作的过程中有一定的难度；适度原则是指在实际遵守每一项原则的过程中，都需要掌握好一定的操作适度，属于四大基本服务原则中的一项基本概念；多样化原则是指图书馆的信息资源及服务方法都是一种客观存在的事实，可以用来对服务行动的原则进行规定，没有实际的指导性作用。公共图书馆的服务原则应该具有概括性特点，可以彰显出原则之间的关系。

确定公共图书馆的服务原则，应该按照国际的惯例、国家的政策和各地图书馆的实际来考虑。若国家没有图书馆法，就应该侧重于利用国际的惯例及各个地区的图书馆实际进行考虑，并不能利用《公共图书馆宣言》来辨别是非。由于当今时代世界经济及政治发展的不平衡，每一个国家的民族文化都会有所差异，《公共图书馆宣言》中的公共图书馆服务原则只反映普遍规律的原则，

---

❶ 黄俊贵.公共图书馆的服务原则及其实践［J］.中国图书馆学报，2006.

没有很好的法理效应，每一个国家的图书馆都会有很大的灵活性及自主空间。要想实施公共图书馆的服务原则，相关的工作人员就一定要协调、处理好图书馆的灵活性及原则的内在联系。例如，在《公共图书馆宣言》当中，会更加注重于不区分阅读者的身份以及地位，为所有人提供相同及平等的各项基本服务。与此同时，图书馆也需要真正落实图书馆的公益性原则。但是，这彰显的就是一种愿望，一种目标，并没有办法改变各个国家、各个地区在确定读者的服务对象、服务方法等方面的差异。由此我们可以说，在我国公共图书馆普遍实行的开放服务中，贯彻《公共图书馆宣言》中的原则基本只会存在优劣，很少出现错误。

我们可以支持《公共图书馆宣言》中提出的公共图书馆服务原则，但却不能依附于外国的立场。我们应该依据我国各个地区的实际情况，各级图书馆应该在不违背国家社会公共服务原则的基础上，积极创造条件，从而全面实现公共图书馆服务的原则。

## 二、开放服务原则

对公共图书馆而言，开放服务是它自身的本质属性。开放是一个完整的概念，它并不代表普通的开门服务。开放服务将彰显公共图书馆各项服务的民主及和谐特征。同时，开放也被认为是一个动态化的概念，充分体现公共图书馆中蕴含的与时俱进精神。开放性的基本服务原则可以显示出人文关怀的一种意识。依据服务对象进行深入的分析，我们可以发现，公共图书馆会对社会上的所有人民群众服务开放，西方国家的公共图书馆服务也并不会区分阅读者的身份及地位；依据服务内容进行深入的分析，公共图书馆中蕴含的图书资源具有多样化的特点，质量也比较高、拥有很好的时效性，可以满足读者的不同需求；从服务形式分析，公共图书馆服务的方式比较灵活，服务的内容比较多样，因而受到很多阅读者的喜爱；依据服务时间进行深入的分析，公共图书馆每一天都会开馆，不会有时间的限制；从服务设施分析，建筑、设备等都会以读者为主，比较安全、方便，没有任何的障碍及隐患；从服务管理分析，每一项规章制度的目的都是保障读者的阅读质量，提高图书馆的意识，不向读者谋取利益，以上都是公共图书馆开放服务的目标。可是，由于每一个地区的公共图书馆会存在着任务、性质等方面的差异，因而不能做出统一且具体的标准。没有任何一个图书馆的服务能够做到十全十美，比如说，每一个国家的公共图书馆服务对象都有所差异；每一个公共图书馆的制度也会不同。因此，我们很难对服务的内容进行评价。

事实上，任何一个国家的公共图书馆都会遵循开放服务的原则，并会依据实际的情况开展服务的工作。由此我们可以总结，公共图书馆服务的开放性具有相对性，限制具有绝对性。要想遵循公共图书馆的开放性原则，就一定要解放限制与开放的矛盾。在早期的公共图书馆服务当中，会将其中的矛盾归结为"藏"与"用"之间的矛盾。❶可事实上，"藏"并不恰当，应该用"限制"这一词。在网络的条件下，并不能归结为图书馆对图书资源的"藏"。不仅如此，"开放"这一词也会比"用"更加吻合。有些人会认为，读者说的话都是正确的，我们一定要满足读者的所有要求。这种想法并不客观，是一种错误的理念。

读者就是一个个体或者是一个群体，他们说的并不都是正确的，他们的所有需求也不可能真正得到满足。限制的绝对性会违背公共图书馆的初衷，例如，对图书资源进行随意划分，不公开反动者及黄色者等；开放的绝对性会严重影响公共图书馆日后的稳定发展，比如，可以让读者对稀有图书进行复印，这样就会使得文化资源免遭迫害。我们说的以读者为主、读者优先，彰显出图书馆的工作宗旨。公共图书馆之所以存在，就在于其服务。图书馆的一切工作都是为了更好地为读者服务，并且将服务贯穿于整个过程。读者至上主要是指在进行服务工作的过程中，读者对图书馆的认知及利益关系等都处于首要的地位，图书馆的工作质量、信息资源、制度等，都会由读者进行鉴定及评价，但这并不等同于"读者说的都是对的""应满足读者的所有要求"。事实上，读者及馆员之间存在着主人与客人之间的关系。若依据图书馆事业的管理、开展的公共关系分析，馆员属于主体，会更注重于发挥自身的主观能动性及创造性，加强管理的水平，提高服务的能力，实现馆员与读者的沟通及交流，从而逐渐形成良好的互动机制，更好地为读者服务。

---

❶ 黄俊贵. 公共图书馆的服务原则及其实践［J］. 中国图书馆学报，2006.

公共图书馆在实行开放服务原则的过程中，一定要注意几个方面的问题：首先，可以同行，但不能相互违背。图书馆的开放服务应该顺应当今时代发展的趋势，与一般的公共服务原则保持一致；其次，合理顺应。对社会信息的需求来说，只要对读者有益，可以促进事业的发展，就要予以满足；接着，改革创新。公共图书馆要不断改革不合理的服务制度，对服务的工作进行创新，实现服务水平的提高。而且，在开放与限制的矛盾中，也要紧紧抓住对读者限制较多的主要矛盾，侧重于加大开放的力度，加强公众的图书馆意识，真正发挥出图书馆的社会价值；最后，透明承监。公共图书馆要将其服务的过程及结果进行公开，并实施社会公众监督的制度，利用组织委员会、读者座谈会等方式向读者汇报服务的工作，收集读者的服务反馈，接受公众的监督，并且及时改正。

### 三、公益服务原则

通常情况下，公共图书馆是由国家及政府出钱开创的，为人们提供文化服务的一个场所。它的经费依靠政府的税收，公共图书馆的职责就是实行公益服务。但是，由于每一地区的经济状况都会有所差异，各个国家及地方政府的拨款就会有所不同。现阶段，有很多公共图书馆没有很富足的经费，特别是我国的公共图书馆，经费都比较少，有些基层图书馆甚至很贫困。经研究表明，2001 年，有将近 700 个县级图书馆没有购进新书，书架上基本都是六七十年代的图书；2002 年，我国有 700 多个公共图书馆没有买书的经费，县级图书馆的人均藏书量仅仅只有 0.1 册。2003 年，有 500 多个县级图书都没有购书的费用，2004 年增加到 700 多个，而这些图书馆大部分都位于西部地区。这些欠发达地区的公共图书馆为了生存，坚持了开放服务的局面，不得已进行了部分有偿服务。由此我们可以看出，《公共图书馆宣言》基于每个国家经济发展不平衡的现状，提出的"公共图书馆在原则上应该免费服务"十分科学、合理，彰显出公共图书馆服务的灵活性。自 1980 年后，一些国家社会主流实行信息商品化及市场化的原则，政府也就逐渐减少对图书馆投入的经费，从而出现了部分服务收费的现象。不管是在经济发达的国家还是经济欠发达的国家，公共图书馆都没有提供完全免费的服务。

现如今，我国在市场经济浪潮的影响下，图书馆界也出现过不正常的创新热潮。就在 20 世纪 80 年代，安徽芜湖召开了有偿的服务研讨会，之后，有很多专业刊物中都出现了"图书馆属于经济实体""图书馆发展的必然趋势就是产业化"等字眼。在这些错误的论述当中，有一些公共图书馆已经将那些免费提供的服务转变成为了有偿的服务。地方的政府也相继制订并出台一些创收的政策。在实际的公共图书馆服务中，并不是所有的服务都是有偿的，可是，盲目进行创收也是不利于长远发展的。若公共图书馆一直开展创收的各项活动，就会使得服务的质量下降、人才流失、严重影响公共图书馆的社会形象。直到 20 世纪 90 年代，随着我国市场经济管理的正确发展，图书馆的办馆条件有所改善，在图书馆同仁的共同努力下，各种纷乱的现象得到了改变。这一失败的经验是值得被各位图书馆同仁铭记的，我们可以说，开展有偿的服务并不是因为图书馆的经费不足，更不是因为从业人员收入低，主要是因为缺失文化管理的政策、理论研究的误导及没有认真调查国内外图书馆现状，从而使得很多图书馆同仁产生迷茫的认识。

现如今，我们国家公共图书馆的有偿服务并没有完全消失，但是已经不能与 20 世纪相提并论了，这主要体现在，各地的公共图书馆已经没有单纯地以谋取员工福利为目的的有偿服务行为，也没有像以前一样拥有大规模及全方位的有偿服务。目前，公共图书馆的有偿服务活动主要有以下四种类型：

首先，人们可以接受的有偿服务活动。这些服务主要有资料复印的费用、上网的费用，以及办理借书证的费用。通过这些费用，可以弥补公共图书馆的物质消耗。

其次，人们拥有争议的有偿服务活动。这种类型的有偿服务活动主要包括向读者收取办理阅览证的费用及办理自学阅览证的费用。通常情况下，我们国家的阅览证与其他国家的图书馆证有着一定的差异。一般来说，图书馆证就是满足读者的需求，并签订一定的合同、遵守相互约定好的权利及义务，并不可以作为借书的凭证，也不能作为进入公共图书馆的凭证。目前，我们国家有很多公共图书馆都没有这一项功能，办理阅览证也会按照年、季或者月进行。如果不办理，就无法进入公共图书馆。

接着，不应受到允许的有偿服务。这种情况主要分为两种类型：其一，有极少数的图书馆会对一般的借阅服务收取劳务费。比如说，读者借阅图书，会按册收费，还会按照条目对一般的查找书目信息服务收取费用；其二，按照篇幅对1949年以前出版的图书收取文献维护费用。

最后，需要明确政策的有偿服务。现如今，有很多图书馆都会对参考咨询及信息开发的服务收取费用。比如说，解答科研项目的咨询、提供专题信息资料等。这会直接涉及图书馆从事参考咨询及信息资源开发服务是否可以作为信息产业的政策性问题。通常情况下，社会服务可以分为两类：一种是公益性的服务，另一种是商品性的服务，两种服务的价值取向是有所差异的。图书馆作为一种公益性服务，会更注重国家的经济利益及社会利益，从而促进我国社会的长远发展。对于这一情况，笔者认为，每一种参考咨询的服务都不算是一种商品，以前没有对这一服务进行收费，现在也不应该对这一服务进行收费。与此同时，图书馆员的智力劳动也不算是一种超出常理范围的劳动。对于资料进行汇编及对书目进行检索等一系列服务，都是图书馆开发知识服务的一种工具。虽然说知识的含量比较高，目的性比较强，服务的效果也很好，可是这些服务都不算是一种商品。但有一种情况需要除外，那就是如果公共图书馆的参考咨询服务及信息开发服务是企业提供经费来支持的，那么就可以在协商之后对相应的服务进行适当的收费。

### 四、公平服务原则

近几年，专家学者们在对公共图书馆进行学术研究的过程中，通常会对公共服务的原则进行分析及研究。有一些专家学者认为，公共图书馆中的服务是公平的。事实上，公平及公正属于一个概念，都会涉及政治、经济等领域。不仅如此，每一个人在社会的竞争中都会遵循着一样的原则，显示出人人平等。但是，不能机械地对公平进行理解，并且应该考虑当前的实际情况。公平就是一种价值的判断。因此，我们需要依据实际对社会经济、政治等进行合理的分配，从而保证公平是相对的。如果说公平超越了社会与经济的关系就会出现不平等的现象。例如，我国城市与农村之间的贫富差距比较大，有很多弱势群体会比较贫困。基于这一问题，我们要想实现公共图书馆中对服务的公平，并不能说是绝对的，而是相对的。因此，这也就决定着我国及其他国家的公共图书馆服务原则都会存在着一定的差异，也都会存在着不平等的现象，这正是受到我国当前社会经济的影响。现阶段，只要我国社会中依旧存在着差别，存在着矛盾，就一定会存在着一系列不平等的现象。而要想解决这一现象，我们就一定要进行社会的综合治理，并且运用更加合理的办法解决。在公共图书馆的服务中，遵循着公平的原则，不仅可以优先实现效率，又可以偏向弱势的群体，从而体现公共图书馆服务的公平。

有很多图书馆同仁都会对公平的服务及区别的服务保持着对立的态度，这主要是因为当今我国社会不同人民群众的需求有所差异。区别服务又可以称为区分的服务，主要是对需求的特点进行区分，是在对读者需求及信息资源进行分析的基础上确立的一种服务政策。通常情况下，可以从三个层面理解。首先，按照阅读者的不同需求对他们进行针对性的一系列服务；其次，结合国家当前的实际状况，对急切想要获取文化的广大读者服务；最后，对读者的不同需求进行区分，对于拥有专业知识需求的读者，提供一种科研的图书馆服务；对于拥有一般需求的读者，进行普及知识的服务，进而实现公共图书馆教育、娱乐及消遣的职能。

区别服务就是为了体现出公平的服务，对优势的群体进行效率的优先，又会朝着弱势的群体进行倾斜。通常情况下，公共图书馆的服务可以分为两种，一种是普通的服务，另一种是重点的服务，这两种服务都是为了提高服务质量及服务效率的方法。重点的服务就是一种优先的服务，通常会以保护为前提开展。作为一种社区的公共图书馆，如果没有以保护为前提，那么也就不会对各位读者提供一些比较特别的信息服务。但是，读者的身份及需求具有紧密的联系，也就是说，不同的人有不同的需求，一般来说，每一种类型的读者都应该得到相同的服务，如果对读者的身份地位进行区分，并对其提供不平等的服务，那么就会滋生腐败的现象，进而违背了人权的相应规定。

在公共图书馆中，要想实施公平的基本服务原则，就要依据当前的实际情况，将服务向一些弱势的群体方向倾斜。在当今这个时代，弱势群体由于能力、财富、地位、生存能力等较弱，因此需要国家以及社会提供一些帮助，由此就需要公共图书馆对这一群体进行倾斜。对这一群体进行倾斜，正是公共图书馆关爱社会群体的一种体现。因此，在图书馆设施、服务项目、方法和制度上，都会始终贯穿着关爱弱势群体，从而呈现出图书馆的根本性质。事实上，服务身份与信息的需求可以统一。重点服务并不是说满足优势群体的需求，为弱势群体服务、为科学研究服务等都是图书馆服务的重点，并不是只为领导人及少数人进行服务。公共图书馆以专业的服务作为重点是非常有必要的，主要原因就是实施了学科的知识组织服务规定。现阶段，在我们国家及其他一些国家，都已经实行了专门的馆员制度，相应地开展了一些比较专业的咨询式服务，这样就可以满足读者对生产以及科研的知识需求，彰显出图书馆的社会作用。

### 五、共享服务原则

共享服务的原则是指公共图书馆实现信息资源服务的共享，这正是信息资源本身属性的要求。由于它不同于一般的物质产品，不具备被某人占有及消费的特点。因此，当知识进入公共领域中也就成为了公用的资源，可以供公众进行消费、享用，没有排他性。可是，通常情况下，不同的图书馆的图书资源的储藏数量会存在着差异。遵循共享的服务原则，也就是将图书馆的个体服务模式转变为整体的合作服务模式，真正实现图书资源的共享，提高公共图书馆的整体服务能力。一般来说，共享服务原则就是共同建立信息的资源库，通过互联的形式实现资源的共享。比如说，对图书馆的书目资源进行交流，合作对图书进行编目，以及各馆互借等。

在遵循共享的服务原则时，共同建立的每一个图书馆都不是对资源进行平等的贡献；互相联系的主要就是一些图书的资源及服务的信息；共享主要就是对信息传递及联合服务的系统进行构建。目前，在我们国家已经拥有了一些合作的组织，可是效果并没有很好，主要有以下几点原因。第一，观念有一些落后。有很多大型的公共图书馆都会依靠着自己的实力及丰富的图书资源，不愿意与其他图书馆进行合作，并且还会认为，那些实力较弱的公共图书馆不可以作为互联及共享的成员；第二，服务存在不足。目前，公共图书馆的共享服务会过于形式化，缺少与其他图书馆之间的沟通及合作，在对读者进行服务的过程中，仅仅对读者进行网络咨询的服务，并没有一些联合的服务活动，如读者的调研活动；第三，缺乏馆际互借。实行馆际互借就是实施共享服务原则的基础，同时这也是各个公共图书馆合作的一种形式。可是，各个图书馆并不会借书，而会更注重于进行网络的服务，从而导致合作并没有取得良好的效果；第四，网络的缺损。现如今，有很多公共图书馆都会成立自己的网站，可是，由于各个公共图书馆的技术不一样，上网读者也就没有办法实现获取信息的需求。每一个图书馆的网络资源也会缺乏一定的特色，虽然拥有着海量的存储，但都是在数据商那里获得的期刊论文、图书信息，会有重复及浪费的现象，没有很高的使用价值；第五，欠缺指导。现如今，文化主管的部门特别重视全国及地区中心图书馆的作用，但是这一作用有待于完善。这主要是因为，全国文化行政宏观指导政策及工作计划，忽视了全国图书馆事业发展不平衡的现状，没有落实到解决资源贫困、服务手段落后等问题，而仅将注意力集中到了中央到乡镇基层建立信息网络。与此同时，国家中心的图书馆对全国的图书馆也缺乏具体的指导，没有形成一定的亲和力，从而使各个图书馆逐渐疏远中心而另谋发展出路，严重影响共享服务的社会效益获得。

笔者认为，若想提高共享服务效益，可以从以下几点入手：第一，制定共享服务的政策法规；第二，建立具有管理共享服务职能的全国及省图书馆工作委员会；第三，明确各级公共图书馆的分工；第四，创新公共图书馆的办馆模式；第五，建立图书馆共享服务的评估体系；第六，建立共享服务的诚信体系，积极开展承诺服务。

# 第二节　公共图书馆服务体系的基本服务功能

公共图书馆属于一种具有公益性质的文化服务机构，是人们终身学习的场所，是公共文化服务体系中的一部分，又是贯彻落实社会主义科学发展观，构建健康和谐社会的重要内容及安全保障，是充分满足广大公民群众日益增加的精神文化需要，保障广大公民能够享受文化，继承优秀传统文化的重要信息资源场所。❶ 而且，公共图书馆作为一个具有文化特色的机构，它的存在及发展体现出了公共文化生活的理念及氛围。在公共图书馆中，任何公民都有权利接收需要的知识及信息。

## 一、公共图书馆服务体系概述

通常情况下，建立公共图书馆服务体系就是为了向广大人民群众宣传比较先进的文化服务，满足广大人民群众日益增长的精神文化需要。这一服务体系主要由政府主导，对公共图书馆的各种服务内容进行整合，进而更全面地为广大读者提供服务。一般来说，公共图书馆服务体系分为两种类型，即城市农村。国家的实际情况会决定公共图书馆服务体系的服务重点到底是在农村还是在基层。可是事实上，公共图书馆的服务体系又包含着很多种，有国家级别的、省市级别的、县级的、城镇级别的及农村级别的等。❷

近几年，随着国家及政府对我国公共图书馆投入的资金在逐渐增加，公共图书馆的建设也获得了很好的发展。国家"十二五"社会主义文化事业发展战略规划也指出，建立我国公共图书馆的四级服务框架结构是十分有必要的。我国公共图书馆的四级服务框架结构，分别为国家级、省市级、县级及农村级。其中，国家级别的公共图书馆是国家进行文化交流的中心，在建设文化服务体系的过程中发挥着十分重要的作用；省市级别的公共图书馆是连接国家级及县级公共图书馆的一条纽带，在建设基层的公共图书馆的过程中占据着十分重要的地位；县级的公共图书馆是连接乡村级及城市级公共图书馆的一条纽带，发挥较大的作用，可以为所有的人民群众提供服务；农村级别的公共图书馆可以为农村的劳动人民提供服务。这四种级别的公共图书馆都发挥着十分重要的作用，缺一不可，无法以其他形式取而代之。

由于我国公共图书馆的起步较一些发达国家晚，这也使得我们国家的公共图书馆处于落后的状态。同时，公共图书馆的发展又取决于政府资金的投

---

❶ 卢林春.浅谈公共图书馆在公共文化服务中的地位与作用［J］.图书情报工作，2010.
❷ 张晨.公共图书馆在公共文化服务体系中的作用与发展对策［J］.科技信息，2012.

入程度，政府资金投入得多，公共图书馆的发展就越好。[1]在日本，图书馆与图书馆的间距不会大于20分钟的步行路程，东京现如今还留有100多个这样的分馆。经研究表明，在中国将近五十万人中，仅拥有一家图书馆。而美国一万三千人中，就有一家图书馆。中国与一些发达国家的公共服务发展依旧存在着很大的差距，要想建设公共文化服务体系，依旧有很长的路需要走。

## 二、公共图书馆服务体系的特征

### （一）公共性

在公共文化的服务体系中，公共图书馆的核心是公共。公共图书馆是属于公共的物品，主要是指地方人民政府通过依靠各种税收补贴等手段直接支持其经费的开支，而直接对广大居民开放，并免费地给予广大人民使用的文化教育设施。公共图书馆的主要公共服务是由地方政府直接提供，保障广大公民享有的根本文化权利，这正是当前我国公共图书馆服务公共性的一个重要特点，也是我国当前社会公共图书馆服务事业进步和发展的一个重要走向。

公共图书馆属于公共事业，它的主要服务就是公共的物品。公共图书馆为人民群众服务的每一项活动，主要都是以满足广大人民对基本文化信息的需求为目标的。公共图书馆事业是一项面向社会群体，服务于社会群体的综合性公共事业。在公共文化服务体系当中，公共图书馆是广泛开展和普及文化的主要场所，是提升公民综合素质的一种途径和平台，它的目标就是充分体现广大公民对社会文化权利、支持广大公民终身学习的有效途径和手段。

### （二）公益性

一般来说，公共图书馆就是为广大人民群众提供一种公益服务，但这种公益服务不等同于一种免费的服务，其中不仅会包含免费的服务，还会包含着以非营利为目的的有偿服务。

图书馆提供的公益性服务主要是利用无偿或低价格的服务，以非营利为目的服务。《公共图书馆宣言》中也已经指出，公共图书馆应该提供免费的服

---

[1] 王新刚.浅析公共图书馆服务体系［J］.科技情报开发与经济，2014.

务，因为图书馆是受到政府资金支持的。❶公共图书馆的免费服务也是一种公共性的表现，这种免费的服务理念也应当做到完整和全方位的，不但要能够保证传统文献的借阅服务免费、阵地服务免费、参考咨询服务免费，而且对网络的信息和服务也应当免费。只有这样，才能够充分彰显出公共图书馆的社会公益性是以一种以服务于社会的精神为宗旨，面向社会每个成员，为人们提供各类文献资料信息服务的组织。

### （三）均等性

一般情况下，公共图书馆服务体系的均等性是指向广大人民群众提供每一种公共文化的服务，进而惠及到所有的人，所有人都拥有权力享受。与此同时，公共图书馆服务体系的均等性也可以证明，公共图书馆提供的各种服务都是其公共性的一种体现。公共图书馆也只有真正保持好服务体系的均等性，才可以对公共图书馆服务的公共性需求进行满足。《公共图书馆宣言》已经说明每一位公民都需要平等拥有享受公共图书馆服务的权利，不会因为受到任何因素的影响而被限制。国家"十一五"社会主义文化事业发展战略规划也指出，公共图书馆需要一直坚持着公共服务及所有群众均等的原则。而在公共图书馆进行服务的过程中，所有群众均等也就代表着公共图书馆服务内容的平等，公共服务的均等也就代表着公共服务的基础内容均等。通常情况下，基础的公共服务内容都应该更加均等地为所有人民群众提供。不管读者的身份及地位拥有着何等的差异，都可以享受到服务，不仅是服务的价格，还包括服务的质量及服务的项目。❷任何一个人都拥有享受公共图书馆服务的权利及机会，任何一个人也都会体验到公共图书馆各种服务的均等性，这正是公共图书馆平等服务的一种体现。

### （四）开放性

首先，公共图书馆作为全开放的公共文化活动场所，零门槛、无障碍，广大人民群众不需要证件，不需要申请办理任何手续，都能直接进入图书馆阅览图书，这样就能够保证人民群众获取知识的权利，真正彰显出公共图书馆的建

---

❶ 陈文莉.浅析读者服务数据的挖掘方法——以武汉图书馆期刊外借数据为例［J］.图书馆论丛，2015.
❷ 曾咏秋.公共图书馆在文化服务体系中的作用［J］.图书馆论丛，2013.

设价值。

其次，一定要确保读者能够拥有获取信息资源的权利，图书馆中的大多数文献都应该为各位读者开放，而且要改变早期图书馆特别高等的模式，一定要保证其能够更加接近人民群众，从而打破早期图书馆垄断资源的现象，实现每一个人都能够有书读。❶不仅如此，各个级别的公共图书馆都需要建设成为各地民众通向知识的一扇大门，为促进个人和全民最佳学习及文化的发展提供最有力的保障，从而有助于利用国民知识的普遍进步，推动自身的长远发展。

### （五）创新性

第一，服务观念的创新。要想满足每一阶层的读者对知识及信息的需求，就一定要不断更新服务的理念，体现出特殊性及优先性的特点，呈现出图书馆的人文关怀；第二，服务形式的创新。通常情况下，公共图书馆会依据当今时代的互联网技术及文化资源的共享为读者提供一些服务，从而真正实现服务形式的创新；第三，服务模式的创新。公共图书馆可以不断开阔自己服务的领域，创造性地对服务模式进行创新，提供上门服务、培训、举办讲座等一系列活动；第四，管理模式的创新。公共图书馆应该遵守当今时代市场经济的一系列原则，可以实行竞争及淘汰的制度，营造良好的氛围，从而对图书馆人创新及创业的精神进行有效的激发。

## 三、公共图书馆服务体系的功能

### （一）保存文化遗产的功能

在公共文化服务体系当中，其社会功能是弘扬民族的文化及各个不同民族蕴含的精神力量，发挥着弘扬及传承先进文化的重要作用，从而帮助广大人民群众树立民族的自豪感及优秀文化的自豪感。作为人类社会文明发展之下的产物，从古代的藏书阁再到现代的公共图书馆，始终蕴含着人类的历史文明成果。公共图书馆以自己独特的服务形式及提供的服务内容，支持着各级地方政府文化的传播和发展，收集、保存、整合一些以文献为主要内容的文化遗产，

---

❶ 郭海明.公共服务体系下的图书馆服务的"公共性"解读［J］.图书馆建设，2008.

特别是有关地方文化历史资料和具有当地特色的文化资源等，建立了一个可以相互分享的具有文化价值的数据库，从而有效地提高了广大人民群众对这些文化遗产的认同意识水平及对其利用的水平。广大人民群众也可以在图书馆中查阅到古今中外的文献资料，这样就可以获取知识，提高自身的素质，在传承人类的文化及保存文化遗产上都会发挥着十分重要的作用。

### （二）终身教育的功能

公共图书馆可以为促进人们掌握科学技术和文化知识的水平与发展提供有力支撑。终身教育从本质上讲是一种先进的思想政治体制和教育体系，也是一种崭新的教育制度。图书馆作为一个接受社会文化和传统知识的机构，其教育功能一直扮演着重要而独特的角色。我们也可以这样解释，图书馆就是一个面向广泛人群实现可持续发展终身教育的地点，图书馆的教学功能与终身教育相吻合。既然把我国的图书馆建设作为学校和社会终身教育活动的最佳场所，那么图书馆的综合社会教育功能应该包含两个基本的方面：首先，传播更多科学和文化知识，活跃整个社会的思想文化气氛；其次，图书馆在我国现代化的社会中被普遍认为是一所可以接受不同年龄的学生的学校。多媒体技术、互联网技术的应用与发展给图书馆运用现代化的教学方式提供了强有力的技术保障。公共图书馆的各种系列讲座及计划活动，都会利用这种创新形式增加图书馆教育的机会，图书馆给予全社会成员终身教育的职能，是任何场所都无法代替的。

### （三）休闲娱乐的功能

公共图书馆的各种休闲娱乐功能已经被纳入到了文化的休闲功能之中，现代的公共图书馆不但向广大的读者群众提供舒适的社会文化阅读环境，而且也向广大群众提供了一个文化休闲娱乐的活动场所，为广大群众提供了自由舒适的生活环境、文化休闲娱乐的消遣及人文关爱与平等的理念，满足社会公众的各种文化要求，帮助社会公众放松身心、缓解倦怠，形成正确的社会价值观、积极向上的人生观。不仅如此，公共图书馆还要适时地开展各种形式多样的文化宣传教育活动，创立自己的文化服务和品牌，如武汉图书馆"名家论坛"的公益性讲座，将广大的人民群众都带到公共图书馆中，参与各种文化的宣传，使得公共图书馆能够成为广大人民群众最密集的休闲场所之一。

### （四）发展的功能

公共图书馆的服务属于公共服务的一个范畴，通过服务方式充分体现其社会的价值，它需要提供的服务也应该被认为是最基本的公共服务。但是，图书馆的公共服务也被普遍认为应该是特殊的、具有专业性、技巧程度很高的，为广大人民群众提供的基本公共服务。随着当今这个时代对我国政治和经济社会的不断推进与发展，图书馆的服务模式已经完全满足不了当今时代变化和发展的趋势，需要将我国现代社会改革的变化、读者需求的转变、科技变化等紧密结合在一起，不断发展图书馆的内部管理，其中涉及的内容、服务的方法、服务手段，与时俱进，更好地展现出了社会功能，在维护网络信息公平等各个方面贡献出了图书馆工作者的力量。

在我国公共文化服务体系的建设中，公共图书馆以其基本特点及服务作用为目标，从而构成了公共文化服务体系的主体。公共图书馆需要运用现代化的传播方式，使之成为传播文化知识的主要场所，这也是建立公共图书馆服务体系中不可忽视的重点环节。

### 四、构建公共图书馆服务体系的建议

首先，加大对公共图书馆服务体系的推广。公共图书馆服务体系不断完善的根本意义和最终目的就是更好地服务于社会民众，满足普通人民对科学技术和文化生活日益提高的精神和文化需求，并促进人民群众对科学技术和文化生活的理解与认知，促进每一个人的健康和全面成长；政府部门要积极开展公共图书馆服务体系的推广活动，争取能够得到更多社会公众的高度重视及支持。公共图书馆的服务体系应该由中央或者地方政府通过多种形式，如广播、杂志、互联网等平台发挥它的社会功能，体现公共图书馆服务系统的特点，加深普通人民和广大公众对我国图书馆服务系统的理解和认识。各级公共图书馆更应当充分运用各种媒介，向读者展示该馆的基础信息状态及有关图书资料的收

集、借还方式，加强广大社会群众对各类公共图书馆信息状态的了解，方便他们对图书资料进行搜集、整理及翻阅。不仅如此，各个公共图书馆也需要采取更加积极有效的对策，将越来越多的力量都引入公共文化服务体系的建设工作当中，进而对这一体系进行基本的完善。现如今，对一些基层的公共图书馆来说，它们的经费问题会严重影响整个公共文化服务体系的长远发展。❶ 所以，各个公共图书馆就要做出相应的措施吸引更多社会力量参与到该系统的建设。

其次，坚持以科学发展为主导的统领功能加强公共图书馆服务系统的建设。树立正确的科学发展观，是推进公共图书馆服务体系建设的根本性保障。用中国特色社会主义科学发展观作为指导思想，构建一套科学的管理机制，这就要求我们必须通过国内外的交流，以及运用五个统筹不断深入加快推进和完善我国公共图书馆服务体系的各项工作，构建一个全面、协调、可持续发展的公共图书馆服务体系。我们应该根据实际的社会主义经济情况和实际需要，根据当前我国特色社会主义市场经济体制的发展需要及人们日益增长的精神文化需要，对各个图书馆之间的图书资源及图书馆的规模进行相应的调整，并还会对于公共图书馆的信息服务制度进行优化。结合图书馆的实际状况，按照一定的步骤逐渐深入或提高，开展每一项工作；进一步对公共图书馆的服务体系进行研究及分析，善于寻找并解决和改进体系建设中可能会碰到的困难；适当地加大财政投入的力度，保证公共图书馆经费的正常运行，逐步完善公共图书馆的工作环境与配套条件；国家需要进一步出台相关扶持优惠政策，给落后部分国家和地区提供适当的扶持优惠政策，加大对公共图书馆的推广宣传力度，扩大其在全国公共眼中的覆盖率，构筑一个具有鲜明特色的公共图书馆服务体系，努力实现当今时代各类公共图书馆服务体系的和谐。

---

❶ 良雪薇. 公共图书馆服务体系建设［J］. 科协论坛（下半月），2012.

# 第四章 公共图书馆的服务对象

## 第一节 公共图书馆服务对象概述

### 一、社会分层与公共图书馆服务

自古以来，在任何国家的社会组织设置中，人类都会自然地因为理想、兴趣、自我要求及所处的社会地位、从事的职业、接受的教育程度等因素的差异而被划分为不同的群体。这些群体在整个社会体系中处在不同的层次与位置。于是，人类被自然地划分为了从高到低的不同等级。不同层次的群体不仅在自然条件、文化因素等方面表现出较大的不同，对社会发展和经济建设也做出了不同的贡献，他们获得的利益和利益受损的情况也就不尽相同。社会分层的出现，能够有效促进社会的和谐发展。处在不同社会层级的群体表现出了非常独特的群体特点，社会分层效应就此产生了。对公共图书馆而言，其服务对象是全社会公众，包含着非常复杂的社会层级。因此，以社会分层为依据进行公共图书馆服务对象的研究是具有现实指导意义的。

目前，我国的公民根据人们获得的利益和利益受损的情况，从上到下分为上层、中层、中下层和下层四个群体。其中，上层是特殊获益者群体、中层是一般获益者群体、中下层是利益相对受损群体、下层是社会底层群体。在所有群体中，中层人数是最多的，也会整体社会安稳和谐的基本保障。根据目前中国的现状，我国社会结构呈现出"金字塔"的形状，即底层人数大、中间层人数比较少。在我国城市化发展进程中，处在金字塔最底层的进城务工人员因为不是"城市常住人口"，无法享受资本聚集区域带来的利益。

20 世纪处于中层的国家企业的职工们在过去三十年间成为失业群体、下岗群体、离岗群体、内退群体等中的主体，逐渐成为金字塔的中下层。从新中国的第一批独生子女开始成长、参与社会生产建设开始，他们拥有相对父辈而言更高的学历，大多数人还掌握了某一领域的专业知识，能说外语、懂电脑，收入相对比较高一些。这一类群体是金字塔新的中间层，也是公共图书馆的主要服务对象。尽管每一位公民都有享受在公共图书馆获取信息知识的权利，但是除了金字塔中层以外的其他层级群体在现实中利用公共图书馆服务的次数的确比较有限。造成这一现象的主要原因主要有服务对象与公共图书馆及其提供的文化服务之间存在明显的差距，或公共图书馆提供的服务对这些群体的工作生活并不能够产生显而易见的助力，甚至是这些群体并没有清楚了解公共图书馆的服务，因而没有意识到这些服务能够提升自我，获得更好的生活。

正因如此，各大公共图书馆才应该从根本出发思考服务对象对公共文化服务的真正需求，进而提供能够让更多人充分利用的文化服务内容。对中下层民众而言，公共图书馆应该解决生活远离公共文化服务，无法感受到公共图书馆服务对自身的助益的问题。本着"以人为本"的服务理念，公共图书馆应该向中下层群众宣传、传播大量积极向上的信息知识，使其深刻感受到人文关怀，从而重新认识人生，思考自己的现状及未来发展规划，最终产生对人生的希望，决定尝试改变，努力向上。

公共图书馆还可以与相关部门合作，向中下层群众提供有针对性的职业技能培训或讲座等，帮助他们通过获得新的生存技能而拥有更美好的生活，让其更直接地从公共文化服务中获益。同时，面对社会上层群体，公共图书馆应该更多地利用他们的经济能力及在社会上的影响力推广公共图书馆的影响，进而提升图书馆的获利能力。在西方，许多社会成功人士都会在成功之后，捐赠社会文化服务机构或公益组织。公共图书馆和大学是他们做慈善活动的首要选择。获得了资金助力，图书馆自然能够加强硬件和软件，提供更加丰富和优质的文化服务。

在我国，由于公共图书馆的文化服务与上层社会群体之间没有密切直接的联系，上层群体很少利用到公共图书馆的文化服务，也没有充分意识到公共图书馆的文化服务对社会进步和经济发展产生的实际意义，因此，这类活动并不多见。针对此现象，公共图书馆应该结合实际分析上层社会群体的文化服务需求，有针对性地将重要的信息知识资源推送到他们手中，使之真正认识、切实感受到图书馆的作用，解决公共图书馆的上层服务对象稀缺的现象。

## 二、公共图书馆与服务对象的关系

在我国，公共图书馆是一个为广大人民群众提供信息资源服务的公益性单位，服务对象是其生存和发展的根本。但是，长期以来，社会公众没有感受到公共图书馆的"平易近人"，反而觉得距离十分遥远。在一般公众眼中，去公共图书馆借书的人不是学生就是有一定学识的知识分子。与此同时，公共图书馆也将自身定位在"文化事业部门"的位置上，忽视了"文化服务"的功能，因而没有在实际社会生活中为公众提供基础的服务。

由此可见，公共图书馆应该正确认识到自身与服务对象之间的关系，也必须重视这层关系，树立正确的服务理念，扎扎实实地为群众做好文化服务工作。第一，公共图书馆必须要明确服务对象的范围。公共图书馆过去定义的"服务对象"是研究型的用户，而忽视了更广泛的人民群众。这样的服务对象范围是非常狭小，也是片面的。现在的公共图书馆必须重修定义"服务对象"，将范围扩大到社会上的每一个公众。第二，公共图书馆必须要正确看待服务对象的重要性，将现代服务营销理念引入到图书馆管理哲学中，将服务对象看作公共图书馆开展一切公共文化服务活动的核心。第三，公共图书馆必须要重视文化服务过程。公共图书馆为服务对象提供良好服务的过程，不仅是前台服务人员的事，而与整个服务流程中的每个环节息息相关。公共图书馆要从组织机构的设置开始考虑服务对象的特点，为其重组服务流程，提高工作效率；要根据服务对象的需求，选购信息知识、开发文献资源，开放全部馆藏，适当延长服务时间；要为服务对象提供符合其要求的服务内容和信息知识；要结合忠诚的服务对象的生活特点，选择合适的地点建馆或拓展馆外服务，节省服务对象来馆享受公共文化服务的时间或空间。

### 三、公共图书馆服务对象的特点

#### （一）公共图书馆服务对象构成的复杂化

与其他图书馆的性质不同，公共图书馆向服务兑现提供的是平等且无偿的文化服务。因此，不管你是多大年纪、什么民族、是男是女、选择哪种信仰、使用什么样的语言，或者在社会上具有什么样的地位，都是公共图书馆的服务对象。公共图书馆面向全社会所有的人开放。正因如此，公共图书馆服务对象的年龄、收入和教育背景等因素表现出了明显的离散型分布特点。同时，我国的社会图书馆体系分工不同，服务的对象也不尽相同。大学生或者做专业学术性研究的人群会选择去高校图书馆或研究机构图书馆；需要做行业文献分析的人群会选择专业图书馆或企业自建图书馆。因此，选择到公共图书馆享受公共文化服务的人更多是社会中下层人群。

#### （二）公共图书馆服务对象信息需求的多元化

因为公共图书馆服务对象构成复杂化的特点，所以，公共图书馆服务对象需要的信息知识和文献资料的要求也就表现出了多元化的态势。高校图书馆、科研机构图书馆和企业自建的图书馆因为受众群体的单一性，而提供专业度比较高的文化服务功能，只需要能够满足特定的群体在学习和工作中的需求即可。但是，公共图书馆要满足不同年龄、不同收入、不同文化背景、不同受教育程度和不同职业的服务对象来自参与生活、学习和工作等活动中的各种信息知识需求，而这些需求在信息内容、服务形式和文献质量等多方面都可能存在差异，还会存在更多影响文化服务质量的不可控因素。

#### （三）公共图书馆服务对象利用图书馆意识的薄弱性

我国的公共图书馆多为财政拨款的事业单位，很少对外开展宣传。因此，广大公众仍然持有"机关意识"，认为只能在"有事"的情况下才去图书馆。当然，这样的刻板印象也和以往公共图书馆的收费制度、工作人员缺乏服务热情等因素有关。近几年的互联网普及、信息科技发展和智能移动终端的推广，让公众获取信息知识的方式更加便捷，费用更加低廉，使公共图书馆更加远离公众的实际生活了。因此，用户数量、到馆率、借阅量都呈下降趋势是公共图书馆目前面临的困境。

## 四、公共图书馆服务对象的类型

公共图书馆的一切公共文化服务都是以服务对象为中心展开的，而服务对象和政府主管部门对公共图书馆文化服务的评价又会影响公共图书馆在公共财政预算中的地位。换言之，服务对象是影响公共图书馆的发展命脉的关键因素。公共图书馆未来的发展与服务对象有着密切的关系。公共图书馆服务对象构成复杂化，不同的划分标准会导致不同的对象分类（详见表5-1）。

表5-1　一般公共图书馆服务对象分类

| 划分标准 | 服务对象分类的情况 |
|---|---|
| 职业和工作性质 | 科学研究读者、工程技术读者、管理读者、教师读者、学生读者和其他专门职业读者 |
| 组织形式 | 个人读者、小组读者和单位读者 |
| 教育程度和能力 | 初级读者、中级读者和高级读者 |
| 与公共图书馆的关系 | 正式读者、临时读者和潜在读者 |
| 公共图书馆对其信息保证级别不同 | 普通读者、重点读者和特殊读者 |

### （一）18岁以下的青少年服务对象

这类服务对象群体主要包括学前儿童、小学生、初中生、高中生在内的未成年人，他们对阅读环境有很高要求，要求公共图书馆内部设置独立的空间，内部色彩比较明亮，桌椅摆设要保证安全且符合审美；对文献类型的要求，是以低龄儿童的认字、识图、游戏、绘本图书，儿童文学，科普读物、学习参考书和课外阅读等为主。

### （二）18～60岁的中青年服务对象

这类服务对象群体的结构比较复杂，要求比较多，以在校大学生和已经步入社会的中青年人群为主。在校大学生因为在学校里生活，可以直接去高校图书馆实现专业类信息收集的需求。但是，如果需要参加考级考证，或者打算创业和求职，则需要去公共图书馆找专业考试学习大纲和复习资料、经济管理类和市场营销类文献资料、各行各业招聘信息等。已经步入社会的中青年服务对象则是参与国家建设的中坚力量，普遍承受很大的工作压力和生活的重担，因为自己没有过多的自由支配时间，所以更愿意方便快捷地获得公共文化服务和高附加值信息服务。

### （三）60 岁以上的老年人服务对象

在我国，60 岁以上的老年人通常已经离开了工作岗位，退休在家。因此，他们拥有大量的休闲空余的时间，不仅可以发展个人的兴趣爱好，还可以参与到各种各样的交往活动中去。遗憾的是，因为欠缺新技术的应用，他们中的大多数无法积极融入更广泛的人际交往活动中。❶60 岁以上的老年人十分关注养生之道和保持健康的方法，也会对社会时事政治感兴趣。这类服务对象群体对公共服务提出的要求主要是活动空间的独立、环境的温馨，提供都市休闲类的报纸和健康主题的文献资料，最好还有一些供他们娱乐的棋盘设施等。

# 第二节　公共图书馆与一般中青年群体

18 ～ 60 岁的中青年服务对象是公共图书馆读者中人数最多的。但是，考虑到 18 ～ 30 岁的青年人中的高校大学生更依赖所在高校的图书馆，而这一年龄段已经步入社会的人多处在职业生涯的初级阶段，工作压力大且社会活动多，对公共文化服务的需求相对较少。因此，公共图书馆最主要的服务对象集中在 30 ～ 60 岁的年龄段。

### 一、公共图书馆与一般中青年群体的关系

中青年这类服务对象需要的信息治疗范围比较广，对知识的需求和欲望比

---

❶ 张秀芬 . 新时期公共图书馆用户分析 ［J］. 科技情报开发与经济，2013.

较强烈，学习信息技术的速度非常快，应用现代网络等手段的能力也很强，他们是社会发展和建设的中坚力量。对他们而言，通过在公共图书馆内利用文献资源可以解决生活、工作中的问题，或者有效提升自我价值。例如，自身价值提升、兴趣爱好、搜索信息、参与文化活动或者休闲阅读等。因此，一般中青年群体是对公共图书馆创造的社会效益的影响最大的一群服务对象。公共文化服务影响着一般中青年群体的学习、工作和生活方式。但是，由于这类服务对象的群体涉及的年龄、性别、职业、文化等方面的跨度非常大，对公共文化服务产生的需求也不尽相同。除此之外，作为大众娱乐性的公益机构，公共图书馆内可能聚集大量志同道合的人群。因此，社会公众不仅可以满足自身对信息知识的需求，还可以进行社交活动。因此，具备创新意识的公共图书馆可以为社会公众提供音乐欣赏、文化展览、主题讲座等文化娱乐休闲活动。这些活动不仅可以帮助中青年人修身养性、释放压力，还可以维护社会稳定、促进好城市居民精神文明建设。

## 二、一般中青年群体对公共图书馆服务的要求

因为职业活动是一般中青年群体生活模式中最重要的部分，所以与职业活动相关的信息知识和文献资源是他们需要的，这就要求公共图书馆应该向一般中青年群体提供适合不同职业或不同个性特点的公共文化服务。

第一，这一需求特点对公共图书馆服务人员提出了新的要求，要在熟悉馆藏之外，还要掌握一定的职业知识，了解不同职业读者的需求。面对中青年群体的关于职业活动信息的需求，公共图书馆工作人员应对不同学科的信息需求提供知识服务。

第二，这一群体在公共图书馆开放时间要参加工作，所以无暇享受公共文化服务。正因如此，一般中青年群体对馆藏图书的利用率和阅读率比较低。因此，公共图书馆要针对这一需求特点适当调整图书开放时间，或者借助馆外借阅处、流动图书馆或者开设额外配送服务等方式延伸馆外服务。

# 第三节　公共图书馆与社会弱势群体

随着社会进步和经济发展，城市弱势群体的生存和生活状况已经引起全社会的重视。他们往往因为经济情况不良、社会生存环境不佳，或身体生理问题等因素，失去了接受基本的或系统的文化教育的机会。公共图书馆就是给他们提供接受再教育和弥补学习知识不足的公益性单位。

## 一、社会弱势群体的定义

社会弱势群体，也称为社会脆弱群体，主要包括两部分人群：一部分是因为自然原因或个人原因导致在社会生活中比较容易受到伤害的脆弱群体，包括丧失或无劳动能力及依赖性人群，如儿童、孤儿、老年人、残疾人、精神病人、长期病患者等；另一部分是因为社会变迁、社会文化等原因导致个人就业和生活状况不佳的社会群体，包括所有低下阶层、边缘化群体等。[1]

在我国城乡各地大约有超过 2500 万人的弱势群体，他们中有因疾病、年老、孤寡、伤残而领取最低生活保障金的人群，也有因下岗、失业、早退休或被拖欠退休金和进城务工等人群。因为他们的社会生活轨迹中存在一定的利益受损，所以可能会产生悲观心理和不良情绪。社会对待某一个体的态度和方式会影响着他对待社会的态度和方式。如果社会弱势群体长期处在低落情绪中，就会影响社会的稳定性和良性发展。采取各种手段和方法帮助弱势群体，为他们找到积极向上的发展方向是推动社会进步的基本途径。

## 二、公共图书馆与社会弱势群体的关系

公共图书馆是由政府主导面向全社会公众开展服务的组织机构，要在满足人民群众公共文化服务需求的过程中保持公平，以达到服务最优化、惠民效果

---

[1] 周莉. 谈区县图书馆在省文献资源保障体系中的作用［J］. 图书馆工作与研究，2013.

最大化。对社会弱势群体而言，公共图书馆营造的浓厚的学习氛围和开展富有人性温情的优质服务具有很强的亲和力。因此，公共图书馆可以以整个社会的名义，同时在精神和文化两方面做到关爱和帮助社会弱势群体，向他们表示同情、善意和关怀。

## 三、社会弱势群体对公共图书馆服务的要求

不同的社会弱势群体对公共图书馆服务要求也不一样，公共图书馆应当有针对性地提供文化服务内容。

### （一）残疾人群对公共图书馆服务的要求

在我国，对残疾人群的定义是指"心理、生理、人体结构上，某种组织、功能丧失或者不正常，全部或者部分丧失以正常方式从事某种活动能力的人"。截至 2020 年初，我国有约 8500 万残疾人，占中国总人口的百分之六。当个体失去了争取生活基本权益的属于全社会人人有份的公平机会的话，也就构成了生活障碍。对残疾人群来说，保障和满足他们的公共文化服务需求，就能够提高他们的综合素质，就为他们参与生活和改善生存质量创造条件，这是公共图书馆作为公益性服务机构必要的社会责任。因此，公共图书馆应该努力构建一个信息知识资源无障碍的公共环境，主要做到在实体环境中设置适合残疾人群的坡道、栏杆扶手、专用卫生间、电梯里的方便按键及所有环境中的语音提示装饰，以确保全方位无障碍；在文化服务过程中注意增加盲文读物、盲文计算机、影视字幕、天花板书、朗读服务、手语、送书入户等服务，以确保信心交流无障碍。特别值得注意的是，残疾人群在公共图书馆服务中同样要受到平等的待遇，要享受与普通人一样的信息服务和参与其他文化娱乐活动的权益。

当然，这类服务设施需要一定的资金付出，其使用率可能并不高。但是，本着"以人为本"的服务理念，为体现公共图书馆对残疾人群的关爱，这是公共图书馆必须要开展的文化服务。

### （二）老年读者对公共图书馆服务的要求

目前，全球各个国家都面临着两个亟待解决的问题：科学发展的战略的实施和人口老龄化问题的妥善解决。所谓的老龄化社会是指一个国家 65 岁以上的人口占总人口的 7% 以上或者 60 岁以上的人口占总人口的 10% 以上。近年来，我国老年人的绝对数量较大，每年新增高龄老年人口高达 100 万人，老龄化发展态势迅猛，老年人在文化服务方面的需求也逐渐增加，这是人口老龄化问题对公共图书馆提出的新的服务要求。公共图书馆应该根据老年服务对象的生理和心理特点，在馆舍环境、硬件设施、文献资源类型、服务方式等方面开展有针对性的服务，以实现满足老年读者的精神文化生活需要。公共图书馆的老年服务主要包括老年教育、社区信息、文化服务等，要面对特殊的老年读者、行动不便者、视觉不便者、听觉不便者、不便离家者、福利院居住者等。

由于老年服务对象主要处于退休生活状态，逐渐远离了真实的社会生活，无法跟上社会发展的脚步，他们和身为子女的中青年人群之间容易发生矛盾，甚至还会产生抱怨情绪。因此，公共图书馆还有义务针对这种现象，通过举办各种健康、娱乐性的讲座、开办老年大学等文化信息服务，让老年读者了解社会的进步与变化，以提高他们对晚年生活的适应能力，提高他们的文化素质。

### （三）监狱中的服刑人员对公共图书馆服务的要求

众所周知，监狱是关押改造罪犯的特殊单位，负责对服刑人员系统正规的思想品德、文化知识和职业技能的改造工作，而服刑人员则是一群处于社会边缘、曾经做过违背法律的事情且正处于被剥夺某些权利和自由特殊的人。服刑人员长期生活在监狱这样封闭的环境中，不能自由了解文化信息知识，很容易出现悲观情绪和心理问题。尽管这些服刑人员是现实生活中的堕落者，但是不代表他们此生就不再有从头再来的机会。所以，在监狱服刑期间，服刑人员也可在自我救赎的同时，通过读书或学习其他技能重新寻找自己的人生方向，追求自己的梦想。因此，秉承着"以人为本"的服务理念，从仁慈、专业、法律的基本原则出发，公共图书馆应该向监狱中的服刑人员提供文化服务，主要是为服刑人员的自我反省及职业和健康教育提供资料。这些服刑人员需要的文化服务应该包括为他们重返社会时需要的学习资料和其他可选择的服务。目前，很多监狱中都配备了图书室，有图书馆专门的工作人员为服刑人员提供文化服务。这里需要说明的是，在监狱图书室里的所有图书、杂志、文献等都是经过专门人员筛选的。首都图书馆还开展了为监狱送书的活动，充分体现了公共图书馆对服刑人员的人文关怀。

### （四）城市综合征患者对公共图书馆服务的要求

在我国，社会飞速发展，物质文化和生活品质都在日益提高。与此同时，城市扩张、城市人口膨胀、交通拥堵、自然环境恶化、住房问题紧张、就业压力增大等一系列问题出现了。生活在城市中的普通人也承受因大城市建设过程出现的问题带来的压力，尤其是中青年社会建设的生力军逐渐出现了焦虑不安、困惑茫然、敏感脆弱、患得患失，偏见固执等亚健康的病症。这些身心健康的问题被称为"城市综合征"。如果这些因为"城市综合征"表现出来的压力、焦虑和疲劳状况长久得不到重视和改善，将会出现不可估计的惨痛后果。这时，人们更需要一种全新的健康生活方式增强自信力与自律能力，减去懒惰和不良生活习惯，告别城市综合征。经过专家长期的研究发现，阅读可以有效调节一些心理性的疾病。面对城市综合征，通过阅读可以有效达到安抚精神、缓解压力、平衡心态的效果。因此，公共图书馆应该针对城市发展过程中出现的以"城市综合征"为代表的各种亚健康的心理问题。

进一步深入地探索阅读疗法，并尝试开展实际服务。考虑到城市综合征患者的特殊需要，公共图书馆应该设立独立的治疗阅读室，安装必需的设备，准备必要的文献资料，帮助在城市中疲惫不堪、身负重任的部分用户舒缓和解脱身心压力。

# 第五章　我国公共图书馆服务体系建设

## 第一节　基层图书馆与流动图书馆建设模式

基层图书馆与流动图书馆是我国公共图书馆服务体系中具有代表性的服务形式，针对我国当前公共图书馆的服务体系建设进行研究，要重点针对基层图书馆与流动图书馆的建设模式进行细化的分析。

### 一、基层图书馆与流动图书馆的定义

#### （一）基层图书馆

基层图书馆是我国公共图书馆体系中的重要组成部分，现阶段学界尚未作出明确的定义，一般认为基层图书馆应满足以下条件：具有独立或者与其他机构合作使用的图书馆馆舍，具备基本的馆藏，具有常规的图书馆人员配置，具有固定的开馆时间。国家近几年初步加强对基层图书馆建设工作的重视，现阶段已经在图书馆建设实践中作出了相应的探索，为基层图书馆的现代化服务模式构建提供了良好的支持。

### （二）流动图书馆

流动图书馆在图书馆情报学中具有明确的界定，是区别于固定图书馆的读者服务方式，主要是利用火车、汽车等进行流动转移。流动图书馆具有可以任意移动的特点，能在移动和运作方面与企业、机关、学校、居民点形成合作的关系，为不同组织群体提供图书借阅活动、图书宣传活动。从广义来看，流动图书馆就是传统的巡回书库，能定期或不定期地开展送书上门的服务，可以为交通不够便利或者图书阅读宣传需求较大的地区开展读者服务和图书借阅服务，狭义上的流动图书馆具体指汽车图书馆，是将汽车作为交通工具，能定期为偏远地区的居民提供图书下乡服务的图书馆。

我国流动图书馆的起步时间相对较晚，20世纪60年代，上海开始探索流动图书馆服务；1999年，沈阳也在康平县为农民群众设置了流动图书馆。流动图书馆从此得到了相应的发展，能定时为偏远乡村、为社区居民等提供流动性图书借阅服务，流动图书馆在新时代的影响力也明显提升，为我国图书馆事业的稳定发展提供了良好的支持。

## 二、基层图书馆与流动图书馆的运作模式和建设意义

### （一）基层图书馆的运作模式

基层图书馆是我国公共图书馆服务体系中最基础的单位和单元，在城市、街道、社区等提供阅读推广和读者图书借阅服务，在发展过程中受到图书馆领域的高度重视。针对基层图书馆的运作模式，我国不同地区积极探索，结合地区特色制定了合理化的运作方案，为图书馆发展效能的彰显和基层图书馆运作模式的全面创新提供了良好的支持。

在党和国家全面加强对图书馆发展模式重视的基础上，基层图书馆作为我国公共图书馆事业中的基础性组织单元，引起高度关注，各地区因地制宜地构建了契合本地区阅读推广需求的服务模式，对基层图书馆的建设和发展产生了重要的影响。

其一，北京图书馆运作模式。在推进基层图书馆建设的过程中，北京地区采用了街区共建的发展模式，主要是希望借助基层图书馆的建设促进图书资源的共建共享，提升图书服务工作的整体水平。现阶段，随着北京地区对基层图书馆街区共建模式的重视，在长时间建设发展的实践中已经逐步形成了首都图书馆、区县图书馆和街区图书馆多元联合的基层图书馆运作服务体系，形成良好的基层图书馆发展效能，实现基层图书馆资源的共建共享。

其二，上海基层图书馆运作模式。上海在发展基层图书馆的过程中采用了图书馆联盟的发展模式，即将上海图书馆作为中心馆，重点对基层图书馆进行横向开发和纵向联结，形成完善的基层图书馆系统，使基层图书馆的发展能获得专业图书馆、高校图书馆的支持，突出发展特色，提升发展竞争力和综合影响力。

其三，天津基层图书馆运作模式。天津对基层图书馆建设的探索主要采用了图书馆集中管理模式，在突出中心地位的基础上，使管理工作的开展逐步向基层延伸。在此模式中，天津图书馆的中心馆是天津市图书馆和区县图书馆，而其他分馆和服务点承担着图书馆服务延伸的重要任务，进一步扩大了基层图书馆的综合影响力，为基层图书馆的建设和发展提供了良好的支持。

其四，苏州基层图书馆运作模式，苏州在推进基层图书馆建设的过程中采用了总分馆的模式，为了发挥基层图书馆的重要作用，构建了能在全市范围内全面覆盖的总分馆服务体系。苏州市图书馆是总馆，分馆由苏州图书馆和基层政府合作建设，总图书馆掌管分馆的人事权限、资源配送及日常服务等工作，分馆的建设以及日常运营费用由政府承担。苏州市基层图书馆服务模式的构建能实现对图书资源的统一管理，也能制定统一的服务标准，服务效率明显提高。

**（二）流动图书馆的运作模式**

流动图书馆的运作模式就是采用流动图书馆建设促进各项服务工作的开展，借助流动图书馆推动图书馆服务工作的创新，提高图书馆的综合服务效果。广东省就针对流动图书馆的建设和运作进行相应的探索，如省立中山图书馆就推行了流动图书馆发展模式，在财政资金的专项支持下，中山图书馆重点针对省内经济欠发达地区、边远地区开发流动图书馆服务，为基层群众提供流动的信息资源服务和图书借阅服务，保障基层群众能公平地获得相关的文化权益。广东省对流动图书馆的探索坚持扁平化的管理体系，省立中山图书馆对财政经费的使用进行统一管理，统一促进资源的调配，能采用物流的方式将资源向流动图书馆配送。

### （三）基层图书馆和流动图书馆的建设意义

基层图书馆和流动图书馆属于公共图书馆建设体系中的重要组成部分，全面推进基层图书馆和流动图书馆的建设，对彰显图书馆服务社会群众的职能产生了重要的影响。对基层图书馆和流动图书馆的建设意义进行分析，基层图书馆和流动图书馆的运作能产生以下几个方面的重要意义。

其一，能有效解决基层馆藏图书资源不足的问题。受经济发展水平偏低的影响，我国基层农村社会或者偏远地区图书馆数量和图书文献资源不足的问题较为严重，单个图书馆的馆藏资源严重不足，无法真正对基层地区的群众阅读权益的维护产生重要的影响。在此情况下，积极促进基层图书馆和流动图书馆的有效运作，能形成图书馆之间的有机联系，也能促进各个图书馆之间的文献资源定期的流动和交流，可以在基层图书馆和流动图书馆的运行过程中，实现资源的全面整合，从而构建更加完善的图书馆资源供给体系，基层农村地区图书资源不足的问题得到高效化的处理，显著增强基层地区图书资源的综合利用率，提高图书资源的流动速度，为新时代背景下基层农村地区公共文化服务事业的建设发展奠定基础。

其二，真正解决基层群众看书难、借书难的问题，通过基层图书馆和流动图书馆的系统构建，能够将图书馆向基层农村地区转移，将书籍借助图书馆的支撑真正搬到基层群众的家门口，为基层群众提供针对性、便捷化的服务。在对服务工作进行创新的同时，通过基层工作的开展，图书馆能对基层群众的基本需求进行准确的定位，也能按照基层群众需求的动态变化情况，对图书资源服务工作的开展进行调整和规划，从而在基层群众与基层图书馆、流动图书馆之间构建沟通的桥梁，优化创新综合服务效果，使服务工作的开展能为基层群众读书难问题的合理化处理奠定基础。

其三，有助于提高基层群众对图书馆社会价值的理解和认识，使基层群众能更好地认识基层图书馆和流动图书馆的服务功能，深切地感受图书馆的服务读者结合自身需要主动到图书馆查询、借阅相关文献书籍，不仅能使培养出良好的阅读学习习惯，还能对偏远地区、农村地区的下一代良好阅读兴趣和阅读文化素养的培养产生积极的影响，确保阅读引导工作的开展能展现图书馆价值和作用，真正发挥阅读引导的重要作用，为新时代背景下群众素质的提升和阅读引导工作的科学化发展提供良好的支持。

### 三、基层图书馆与流动图书馆模式的综合建设措施

在我国全面推进公共文化服务事业建设和发展的过程中，要想全面发挥基层图书馆和流动图书馆的价值和作用，促进图书馆综合管理工作的开展和服务模式的创新，在实际工作中还应该注意结合基层图书馆和流动图书馆的运作措施进行探索，制定完善的图书馆建设方案，使图书馆的价值和作用得到充分彰显。

#### （一）加强基层图书馆建设的措施

1. 加快基层图书馆立法，增强基层图书馆建设发展的持续性

联合国教科文组织明确提出，为了促进基层图书馆事业持续性稳定发展，保障基层图书馆建设工作规范化开展，需要全面加强对基层图书馆的管理，并制订相应的法律规范体系。我国在推进基层图书馆建设的过程中，为了突出建设工作的持续性和稳定性，在实际工作中就需要结合基层图书馆建设的发展需求，完善我国基层图书馆建设、管理和服务方面的法律法规，确定图书馆的文化服务职能以及发展规范等，从法律层面协调图书馆与其他社会组织之间的关系，助力基层图书馆实现全面稳定发展的目标。

2. 加大经费投入，营造良好的基层图书馆发展环境

基层图书馆的建设发展需要充足的经费支持，各级地方政府在实际推进基层图书馆建设发展的过程中，可以将其看作是重点民生工程推进，并将图书馆建设纳入政府年度规划中，拨发专门的建设经费，促进建设工作的稳定开展。

同时，在提高政府重视程度的基础上，按照基层图书馆建设发展的现实需求，构建制度化的图书馆建设服务体系，形成基层图书馆规范化的投入机制，对投入经费实施预算化管理，保障经费的使用能形成项目法定化的模式，为基层图书馆在现代社会的建设和发展提供良好的政策环境支持，营造积极健康的建设氛围。

3. 促进资源整合，提高基层图书馆资源供给能力

基层图书馆建设工作的开展必须坚持统一规划的原则，重点对资源进行优化配置，促进资源的高效利用。在实际工作中，要重点针对服务方式进行创新，在资源整合的基础上促进服务质量的提升和服务范围的拓展，使基层图书馆服务机制的构建能真正深入基层，为基层群众提供图书资源、信息浏览、检索及在线获取相关文献资源的服务，按照各地区群众的需求构建特色馆藏资源库和数据资源库，加快服务一体化建设，保障深化基层图书馆的服务内涵，使服务工作的开展得到群众的支持和配合，彰显基层服务的综合影响力。

4. 积极开展业务指导，加快图书馆人才队伍建设

基层图书馆的长效化建设和发展需要高素质人才队伍的支撑，只有组建高素质人才队伍，并邀请专家学者对基层图书馆服务工作的开展给出专业的培训和指导，才能形成完善的图书馆建设体系，使基层图书馆在现代社会的建设和发展中取得良好的发展效能。因此，在实际工作中，基层图书馆应该立足优秀人才的引进机制和管理服务工作的创新模式，有意识地促进基层图书馆人才的引进，关注高素质人才的培养，构建科学化、系统化的业务指导模式，形成完善的业务工作体系，使基层图书馆能展现其社会服务效能，为我国特色图书馆事业的发展提供良好的支持。

### （二）加强流动图书馆的建设

流动图书馆建设工作的开展能为基层图书馆体系的构建提供相应的支持，为我国特色图书馆事业的发展助力。新时代背景下，为了促进基层公共服务体系的全面构建，在图书馆事业建设工作中，要客观审视流动图书馆的重要性，并采取有效的措施推动流动图书馆的建设和发展。

### 1. 加大资金投入，构建持续性的资金供给体系

流动图书馆的建设需要政府的引导和财政资金的支持，只有具备充足的资金才能保障建设工作的稳定开展。因此，在流动图书馆建设实践中，要注意结合工作的实际情况对流动图书馆的建设进行分析，进一步加大资金投入，按照流动图书馆的发展需求构建常态化的资金供给服务机制，使图书馆建设工作的开展能一直获得充分的资金支持，为各项建设工作的改革创新创造良好的条件，切实彰显流动图书馆的发展优势，助力图书馆事业的稳定、高效发展。

### 2. 创新工作模式，强化流动图书馆的综合服务能力

流动图书馆参与基层公共文化建设事业的发展，较为重要的一点是要为基层公共文化服务工作的开展助力，因而要想使图书馆服务工作的开展得到基层群众的高度支持和认可，就要在实际工作中重点促进工作方式的创新，使流动图书馆的综合服务能力得到进一步优化。在实际工作中，可以尝试探索流动图书馆新的发展项目和服务项目的开发；在信息时代背景下，积极探索信息技术、数字技术的应用，借助共享工程对图书馆数字资源进行整合，通过视频宣传、电影宣传等方式向群众宣传积极向上的文化信息，引导基层群众树立正确的人生观和价值观，促进基层群众综合素质的良好培养。同时，不定期按照社会热点的变化组织开展专题性的人文讲座、展览，也可以结合社会大众的兴趣爱好组织开展特色民族风俗专题文化宣传、地方名人故事专题文化宣传工作，凸显流动图书馆服务工作的针对性和特色性，保障各项服务工作的开展能得到基层群众的高度支持和认可。

### 3. 加强服务宣传，提高流动图书馆的综合影响力

流动图书馆服务效能的彰显与群众对图书馆的认同度存在着直接的联系，只有基层群众能认识、了解流动图书馆，能主动参与流动图书馆组织开展的各项文化教育、宣传工作，才能真正展现图书馆的价值，保障图书馆事业的稳定发展。因此，在持续推进流动图书馆建设和发展的过程中，要积极开展图书馆宣传工作，在社会范围内树立良好的社会形象，吸引群众主动参与到图书馆服务工作中。一方面，流动图书馆的设计应该迎合基层群众的喜好，吸引基层群众的注意力，使各地区群众主动到流动图书馆阅读和学习；另一方面，应该积

极开发多种媒介宣传形式，搭建信息化的宣传平台，重点对流动图书馆的服务功能、阅读方式及借阅模式等进行介绍和展览，从而提高图书馆的综合服务宣传效果，使群众对流动图书馆的服务目的、服务内容及流动日程等形成全新的认识，有效促进图书馆服务效能的发挥，为基层群众公共文化建设事业的发展奠定基础。

# 第二节　总馆、分馆建设

在我国公共图书馆服务体系中，总馆、分馆模式是较为重要的模式，在现代图书馆服务体系中应用较为广泛，特别是在网络时代的背景下，随着图书馆的管理和服务工作对信息技术的依存度逐渐提升，公共图书馆服务工作的开展和资源节约工作的落实受到广泛关注，如何利用总馆、分馆促进服务模式的创新，实现资源的高效化利用，成为新时代公共图书馆管理和服务工作中需要重点关注的问题。

## 一、公共图书馆总馆、分馆模式的起源

在公共图书馆服务体系中，总馆、分馆模式就是在某一适当单元或地域，由不同的建设单位组成的公共图书馆服务群，形成完善的公共图书馆服务体系，为地域范围内的所有社群提供平等的图书馆服务。公共图书馆总馆、分馆模式最早在20世纪的美国出现，并得到了发展。我国对总馆、分馆模式的探索从上海图书馆开始，上海图书馆在2000年首次提出了构建上海市中心图书馆的工程思想，并提出了要拓展上海图书馆的服务范围，构建更加完善的上海图书馆综合服务体系。我国文化部从2003年开始在上海成功召开了关于图书馆资源共建共享方面的座谈会，在肯定上海建设中心图书馆决策的同时，提出我国公共图书馆服务体系的构建应该积极探索总馆、分馆模式的发展道路。

在此背景下，为了全面推动图书馆公共文化服务事业的建设和发展，北京

在 2002 年也发布了相关的图书馆管理条例，在《北京市图书馆条例》中规定了图书馆积极探索总馆、分馆模式的方案，提出所有图书馆都应该积极探索中心图书馆的构建，形成完善的图书馆信息网络体系。其后，北京市针对总馆、分馆模式的构建进行了实践探索，从"一卡通借通还"等角度促进公共图书馆服务网络体系的构建，在公共图书馆服务网络体系中，将首都图书馆作为中心图书馆，在各区县、街道等地区构建分馆，实现对公共图书馆服务的外部延伸，逐层分级推进分馆的系统构建，并使图书馆服务向群众免费开放，形成了体系较为健全的图书馆综合服务网络。如此，我国公共图书馆对总馆、分馆模式的探索经过北京、上海等的积极推广，逐渐在全国范围内产生了巨大的影响力，为公共图书馆服务领域构建完善的总馆、分馆模式开启了良好的开端，也奠定了坚实的基础，此后在我国公共图书馆服务领域逐渐掀起了构建总馆、分馆模式的发展热潮。

## 二、公共图书馆总馆、分馆模式的建设特点和优势

### （一）公共图书馆总馆、分馆模式的建设特点

公共图书馆对总馆、分馆模式的探索能体现出突出的特色，在对总馆、分馆模式的发展进行研究的过程中，需要对总馆、分馆模式的建设特点进行准确定位。

1. 因地制宜，能凸显地域特色

我国公共图书馆领域对总馆、分馆模式的探索一般关注地域特点，即不同地区的图书馆在基于总馆、分馆模式构建服务体系的过程中，会重点结合本地区的实际情况对总馆、分馆模式的实践应用进行分析，使总分馆制的建设能与本地区实际情况有机结合，彰显地域特色，使图书馆服务模式的构建能满足读者群体的多元化服务需求，如河北省公共图书馆在构建总馆、分馆服务模式的过程中，除了中心图书馆，其他各地区的图书馆都因地制宜制订了特色的分馆建设方案，唐山市图书馆打造了城市书房，秦皇岛市图书馆开发了"沙滩书吧"，保定市图书馆构建"24 小时自助图书馆"服务模式，沧州图书馆则在

"分馆、书吧"方面作出了相应的探索。在此过程中，河北省图书馆对总馆、分馆模式的探索和建设，能实现对图书馆整体服务的有效延伸，也能实现图书馆综合服务体系在区域范围内的全面覆盖，有助于构建特色的城市文化服务体系，彰显城市文化特质。

### 2. 广泛宣传，吸引社会力量积极参与

公共图书馆对于总馆、分馆模式的建设，可以通过广泛宣传吸引群众的目光，吸纳社会力量广泛参与图书馆建设，促进总馆、分馆模式建设取得良好的发展成效。在实际开展建设工作的过程中，结合新媒体时代的影响，可以尝试在微博、微信上进行广泛宣传，也可以录制抖音短视频，让更多的人认识到图书馆总馆、分馆模式建设的重要性，并吸收社会力量促进服务模式的系统构建，如大秦人文图书馆的建设就是在吸收社会力量后结合私人书房进行改造的，而部分地区的儿童图书馆，则是在社会相关企业的支持下通过捐赠的方式进行建造的。在图书馆广泛宣传的基础上，借助社会力量共同促进图书馆分馆服务体系的构建，能为全民阅读推广创造良好的条件，助力书香社会建设取得较好的发展效能。

### 3. 践行服务创新思想，构建思想交流场域

在公共图书馆积极推进总馆、分馆模式建设的背景下，图书馆模式的系统构建也在一定程度上为图书馆服务理念的创新产生了积极的影响，使图书馆开始从服务城市文化内涵建设、服务社会精神文明建设、满足服务群众阅读需求的角度开展各项工作，使总馆、分馆模式能契合我国新时代公共文化服务体系的建设需求，对学生群体作出积极的引导，从而形成完善的综合服务体系，彰显图书馆总馆、分馆模式建设效果和应用价值。同时，基于总馆、分馆模式的构建和实施，在公共图书馆探索服务创新的过程中，还能为群众开发新的思想交流场所，使群众能主动在阅读的基础上进行沟通和交流，形成良好的思想交流效应，促进群众思想认识水平的全面提升，为社会公共文化服务事业的发展奠定基础。

### （二）公共图书馆建设总馆、分馆模式的优势

在我国公共文化服务体系的建设发展实践中，制定总馆、分馆模式，完善

综合管理服务体系，能发挥总馆、分馆模式的应用优势，促进综合管理工作的全面系统创新，其优势主要体现在以下几个方面：

### 1. 有助于增强统一管理的规范性

在公共图书馆引入总馆、分馆模式并对管理体系进行创新的过程中，借助总馆、分馆模式的有效实施，能对分散的公共图书馆实施集中整合管理，有助于增强管理的同一性和全面性。同时，总馆能对分馆负责，可以集中对图书馆服务体系的运转进行协调，也能实现对总馆和分馆资源的有效调配，有助于促进图书馆综合管理模式的系统创新，对完善服务体系的构建和管理模式的实施也能产生积极的影响，有助于增强公共图书馆管理的规范性和有序性，保障管理工作实现科学系统推进的目标。

### 2. 有助于增强图书馆文献资源的利用率

在图书馆管理体系中，积极探索总馆、分馆模式的建设和应用，由总馆统一完成对书籍的采购，并借助信息化管理体系的构建，针对分馆和总馆的相关文献资源、数据资源等实施集成化的管理，从而优化创新图书馆综合管理效能，实现对图书馆文献资源的高效化利用，保障能在资源优化配置和统一协调的基础上，实现对图书馆体系中的资源共建共享，形成良好的管理和服务模式，优化图书馆资源的应用效果，为新时代背景下图书馆综合服务体系的系统构建创造良好的条件。

### 3. 有助于提升图书馆的综合服务水平，构建多元化、特色化的综合服务体系

在总馆、分馆模式的支持下，对公共图书馆的综合管理和服务模式进行全面创新，在实际开展图书馆管理工作的过程中，能够结合各地区的不同情况，构建特色化的分馆阅读服务体系，使分馆服务工作的针对性和特色性明显提升，优化图书馆管理人员的综合素质，使他们能有针对性地对综合管理模式进行改进和创新，支持图书馆管理服务工作的高效化开展，展现公共图书馆总馆、分馆模式的实际应用优势，构建多元化的服务模式和特色化的综合服务体系，使各地区群众的阅读服务需求和信息服务需求得到极大的满足，切实提升公共图书馆的建设和发展整体效果。

### 三、公共图书馆总馆、分馆模式的选择应用

公共图书馆实际在对总馆、分馆模式进行开发的过程中，需要结合服务地区的实际情况选择差异化的服务模式，突出服务工作的综合效果，增强图书馆综合服务工作的整体影响力。在实际工作中，公共图书馆对总馆、分馆模式的构建，可以重点选择以下服务模式。

#### （一）统一管理制总馆、分馆模式

在公共图书馆总馆、分馆模式建设方面，统一管理制度具有管理模式严格，管理集成化特征相对较为明显的特点。在图书馆基于统一管理制度建设开展总馆、分馆模式过程中，图书馆总馆作为核心管理机构，管理权力相对较大，能对分馆的各方面工作实施有效的指导。在分馆的管理工作中，资金管理、公共关系管理、资源管理和人事管理等，都需要获得总馆的领导和支持。在实施统一管理制的情况下，总馆的权力能得到最大限度的释放，可以针对分馆的资源和服务实施集中高效的管理，但是此模式在实际应用中也存在一定的缺陷，即整体管理工作的开展容易受到总馆管理水平的影响，在总馆管理水平不到位的情况下，可能会导致图书馆总体管理效果不理想。

#### （二）联合管理制总馆、分馆模式

联合制总馆、分馆模式是一种管理体系相对松散的管理模式，在具体实施上可以全方位调动总馆和分馆之间工作人员的工作积极性，增强图书馆总馆与分馆之间的有机联系。从当前我国公共图书馆推进总馆、分馆模式建设的基本情况看，联合制管理理念的应用，能体现出统一化管理和灵活性管理兼容性的特点，应用相对较为广泛。但是联合制在实际落实方面，不会突出强调总馆对分馆的领导，并会赋予分馆一定的自主权，也就会造成总馆和分馆之间虽然基于联合制的应用能对图书馆的管理实施统筹规划，促进资源的有效配置，但是在涉及具体利益的情况下，可能会引发总馆和分馆之间在管理和服务上的矛盾问题，导致总馆、分馆模式的落实遭遇发展障碍，会对图书馆的稳定运营产生不良的影响。

### （三）合作管理制总馆、分馆模式

合作管理制是公共图书馆建设总馆、分馆模式过程中可以选择的重要体制，在应用合作制推动总馆、分馆模式建设发展的过程中，分馆虽然接受总馆的领导，但是分馆实际上仍然保持独立的经营状态，总馆并不具备对分馆的绝对领导力，甚至存在一定的障碍。在应用合作管理制的情况下，图书馆总馆、分馆模式的建设尚未形成规范的管理机制，总馆与分馆之间会通过签订合作协议的方式，保障自身职责的有效履行，对利益冲突问题进行协调，从而基于区域公共文化事业的发展共同对管理模式和管理体系进行创新，形成新的管理服务系统，切实优化公共图书馆的综合管理效果。

## 四、推进公共图书馆总馆、分馆模式建设的有效措施

在公共图书馆探索完善服务体系建设的过程中，将总馆、分馆模式的构建作为研究对象，从多角度对建设措施进行相应的实践探索，极大促进了总馆、分馆模式的系统构建和模式作用的发挥，能为图书馆综合管理模式的构建和服务系统的创新提供良好的支持。

### （一）依托互联网平台，构建信息化管理体系

公共图书馆对于总馆、分馆模式的探索，需要借助信息技术的应用对图书馆资源进行整合，从而借助总馆、分馆模式的建设促进资源的高效化利用。因此，在新时代对图书馆综合服务模式进行系统开发的过程中，要重点分析互联网＋技术的有效应用，构建互联网＋图书管理的信息化服务平台，确保在图书馆管理工作中，能发挥总馆统一规划的作用，促进各分馆积极参与到管理模式的建设中，保障在图书馆综合服务体系中，实现对图书馆的图书资源、信息资源、文献资源的数字化转化和统一管理，保障公共图书馆软硬件设施的建设和完善，在统一规划管理的支撑下保障信息处理效能的提升，全面优化图书馆管理和服务工作的效果，这就能发挥信息化管理平台的支撑作用，实现对公共图书馆总馆、分馆模式下的相关信息的集成化处理，按照读者需求开展各项服

务，从而对管理和服务模式进行全面创新，助力图书馆综合服务工作实现高效化、系统化的目标。

### （二）践行人性化思想，提升综合服务水平

图书馆总馆、分馆模式的构建和应用主要利用图书馆服务群众的作用，助力我国公共文化服务体系的构建。因此，在图书馆建设发展的过程中，还应该按照总馆、分馆模式建设工作的需求，促进人性化管理和个性化管理理念的落实，引导各分馆能结合本地区的实际情况及工作需求，制定个性化的服务理念和服务方案，总馆有机协调各分馆之间的关系，充分发挥模范带头作用，全面促进管理工作的系统优化创新。同时，在改善服务理念的基础上，公共图书馆对于总馆、分馆模式的践行，还能依托信息化管理服务体系的构建，构建多元化的服务，让读者群体能获得信息化的服务，可以不断对服务进行改革创新，增强服务的延伸性和主动性，为全民阅读推广工作的开展奠定基础，这就能真正发挥人性化管理思想的作用，为总馆、分馆模式的建设和实施创造良好的条件，循序渐进地促进图书馆综合服务水平得到进一步优化。

### （三）打造总馆、分馆模式服务品牌

公共图书馆管理和服务品牌的构建是提升图书馆综合管理效果，推动管理工作高效化发展的前提和基础。新时代背景下，公共图书馆在建设发展的实践中，要充分认识到构建新服务品牌的重要性，积极探索图书馆分馆阅读推广活动的创新，形成品牌效应，彰显品牌影响力，为图书馆综合服务工作的开展助力。一方面，公共图书馆要积极推进总馆、分馆模式的系统构建，可尝试借鉴国内外图书馆在总馆、分馆模式建设方面的成功经验，制定个性化的建设方案，保障在形成对公共图书馆统一集中化管理的作用下，促进管理效能的全面提升，使分馆服务彰显特色，形成良好的辐射效应，带动图书馆综合服务能力的显著提高。另一方面，要积极探索图书馆优秀人才队伍的构建，按照阅读推广服务的现实需求对图书馆管理人员开展教育培训工作，引导分馆管理人员做好职业发展规划，健全分馆考核激励机制，充分激发图书馆的热情，促进图书馆分馆工作的全面系统创新。

# 第三节　区域性图书馆服务网络建设

在我国公共图书馆综合建设服务体系中，区域性图书馆的建设是较为重要的方向，能促进区域性图书馆的建设和发展，保障建设工作的系统实施。因此，为了增强图书馆的建设发展效能，还要重点针对区域性图书馆服务网络模式建设进行分析，为图书馆建设工作的科学系统推进指明前进方向。具体分析，区域性图书馆服务网络的建设，可以重点从以下几个方面入手对各项建设工作进行系统的规划。

## （一）区域性图书馆服务网络的特点

在公共图书馆建设方面，加强对区域性图书馆服务网络建设的探索，促进管理服务模式的全面创新。

其一，发展基础具有同质性。对区域性图书馆服务网络模式的建设和运行情况进行全面系统的分析，能看出在建设实践中，图书馆为了能保障区域范围、系统内的用户获得更大的利益，获得更加丰富的资源服务，会通过系统内部项目组织运作模式的创新，构建区域性图书馆服务网络体系，从而在区域范围内实现对图书馆综合服务工作的共享，优化资源共建共享服务体系，从而提高图书馆的综合服务效果，使服务工作的开展能得到群众的高度认可。

其二，资源规划具有共享性。在区域性图书馆服务网络体系中，不同成员馆之间将网络作为载体，各自具备一定的实体馆，在建设区域性图书馆服务网络模式的过程中，秉承资源共享理念的要求，能在管理和服务工作中突破传统时空限制，构建图书馆之间的联合业务和读者服务工作，能更好地按照读者需求为区域范围内的读者提供高质量的服务，促进特色馆藏文献资源体系的构建，保障服务工作的影响力。同时，在资源共享的基础上，成员馆之间能基于信息技术的支持，对内部资源实施整合管理工作，促进信息服务通道的畅通性，优化信息服务资源供给效果，保障信息服务工作高质量开展。

其三，管理规范具有完善性。在公共图书馆积极探索区域性图书馆服务网络建设的过程中，会结合区域性图书馆服务网络建设工作的现实需求制定统一的管理模式和运作规范，要求网络体系中的成员馆遵守具体的管理规范和工作协议，从而平衡成员馆之间的服务关系和合作关系，保障在新时代背景下促进区域性图书馆服务网络建设优化发展，进一步彰显服务效能，为图书馆建设事业的稳定发展助力。

### （二）区域性图书馆服务网络的主要优势

在信息时代背景下，按照公共图书馆服务体系的建设发展需要积极探索区域性图书馆网络服务体系的构建，能有效彰显服务优势，发挥区域性图书馆服务网络的建设效能，为图书馆公共服务工作的开展和创新提供良好的支持。细化分析，区域性图书馆服务网络的建设应用表现出以下三个优势。

其一，区域性图书馆服务网络具有跨系统的优势，因而整体管理和服务的灵活性相对较高。区域性图书馆服务网络的建设和应用能在区域性服务系统内部实现资源的共建共享，主要模式是将中心图书馆作为网络体系中的主要成员，体现出学术性、大众化的特点。在构建区域性图书馆服务网络体系的情况下，能形成跨区域的服务系统，可以将区域范围内的读者群体作为服务对象，灵活结合时代和服务需求的变化对服务工作进行调整和创新，凸显灵活性和系统性的优势，有效促进管理和服务工作的高效化开展，切实优化综合管理和服务工作的基本效能。

其二，能增强文献获取的便利性，有助于推动服务工作的系统延伸。图书馆服务工作的开展在网络环境下需要不断对服务模式和服务影响力进行改进，形成高效化的服务体系，促进综合服务模式的系统构建。在此背景下，区域性图书馆服务网络体系的构建和实施，能为近距离获取多种载体的文献资源、信息资源创造便利，用户在区域性图书馆服务网络体系中能够采用物理传递的方式获取资源，也能依托信息化平台对资源进行下载和借阅，有助于显著增强服务工作的效果，在资源整合的基础上有助于促进综合服务效能的全面系统提升。

其三，能促进图书馆与地方文化事业协同发展。在公共图书馆积极探索区域性图书馆服务网络体系的情况下，能转变传统孤立发展的局面，会有意识地探索多元联合的服务体系，各个成员馆之间在区域范围内相互合作，不仅可以对图书馆的运营成本实施合理化的控制，还能形成资源共建共享的综合服务体系，为图书馆服务工作的长效化、多元化发展奠定基础。同时，区域性图书馆服务网络的构建和应用，还能与地方经济文化建设事业的发展形成紧密的联系，借助图书馆公共文化事业建设的推进和服务工作的创新开展，对区域范围内的政治、经济、文化等进行有机协调，从而形成良好的服务关系和服务体系，为新时代背景下区域性图书馆服务网络建设工作的科学系统推进创造良好的条件，切实彰显综合服务工作的价值。

### （三）区域性图书馆服务网络建设路径

区域性图书馆服务网络体系的构建需要多方力量的支持，因而在新时代背景下促进区域性图书馆建设工作的过程中，综合分析区域性图书馆服务网络的建设经验和建设需求，需要制订完善的建设方案，保障建设工作的科学化、系统化开展。

#### 1. 转变思想观念，突破行政区划障碍

从当前各地区对区域性图书馆服务网络建设的实践探索情况来看，完善服务网络体系的构建存在考核体系建设障碍的问题。服务网络是虚拟性的组织，无法真正与图书馆、相关文化管理部门之间形成紧密的联系，而区域性图书馆服务网络的建设与图书馆业绩考核无法直接挂钩，导致各地区探索区域性图书馆服务网络建设的积极性严重不足。针对这一情况，在积极推进区域性图书馆服务网络建设工作的过程中，需要从思想上转变观念，从优势互补、满足读者的需求、图书馆合作开发的角度树立正确的区域性图书馆服务网络建设思想，从而促进各成员馆之间能发挥合作精神，主动探索服务网络的建设措施。同时，在建设工作中要突破行政区划的限制，制订针对性的业绩考核方案，使区域性图书馆服务网络建设工作的开展与图书馆业绩考核紧密联系在一起，从而优化图书馆工作的综合效果，彰显联合管理的特色，助力图书馆实现多元化、创新化的发展目标。

### 2. 完善组织结构，构建合理的区域性服务联盟制度

公共图书馆对于区域性图书馆服务网络的探索，主要是保障各成员馆之间资源的共享和服务模式的创新，为了提升服务网络建设的规范性和长效性，需要结合区域性图书馆服务网络建设工作的现实需求，构建对信息资源共享的职能机构，并完善区域性图书馆服务网络建设的制度。在实际工作中，信息资源管理组织机构对信息资源的共建共享进行管理，保障对各项管理和协调工作服务，针对服务工作的自动化、网络化建设实施统一的规划领导，在完善制度体系的作用下维护图书馆的合法权益，促进图书馆建设发展的积极性得到显著提高。而在制度体系建设方面，则要注意保障相关体系的建设能突出建设特点，为组织机构的建设和发展服务，优化综合管理工作的发展效能，以全面提升图书馆综合服务工作的建设成效。

### 3. 加强技术合作，打造完善的技术支持体系

区域性图书馆服务网络的构建需要完善技术体系作为支撑，在结合区域性图书馆联合建设需求开展综合服务网络体系建设的过程中，要深刻认识到技术创新的重要性，有意识地探索先进技术在服务网络建设中的重要性，构建线上线下联合的服务工作体系，保障在大数据技术、云存储技术、云计算技术、人工智能技术的支撑下，为区域性图书馆服务网络建设工作的开展提供技术支持和技术保障，切实提升技术建设工作的综合发展成效，使技术问题得到规范化、有序化的处理，加快技术服务工作的综合发展水平，以促进技术合作的全面创新，保障技术体系的全面构建，确保各项建设工作的开展能引领图书馆事业的发展，从而保障图书馆的综合服务工作能取得显著的成果。

### 4. 促进利益协调，完善有效的利益协调工作机制

对区域性图书馆服务网络建设工作的组织实施而言，完善协调机制的构建能更好地处理体系内部各部门之间的关系，从而提高建设工作的综合效果。因此，在新时代背景下，结合区域性图书馆服务体系建设和发展的要求，保障区域性图书馆服务网络成员馆之间利益实现平衡化发展，促进服务网络中成员馆之间利益得到合理化的分配，真正实现利益的多元共享，在实际探索服务网络体系建设工作的过程中，就要借助成本核算工作的开展对各成员馆参与服务网络建设工作的情况进行分析，在成本核算的支撑下，构建补偿工作机制，对各

成员馆之间的成本投入实施平衡化和协调化处理。在此基础上，基于协同运作机制的构建，能保障服务网络体系中资源的多元共享和服务的全面创新，不仅能优化区域性图书馆文献资源的有效供应，还能提高各成员馆参与区域公共文化建设事业的积极性，使图书馆服务网络的服务张力和服务效能得到全面提升，为新时代背景下区域性图书馆事业的建设发展奠定坚实的基础。

**5. 拓宽资金渠道，保障建设经费供给**

各地区对于区域性图书馆服务网络的建设和探索需要充足资金的支持，充足经费的保障才能促进各部门工作的协调推进，从而提高工作的整体发展效果。因此，在实际工作中，要注意争取获得政府部门的支持，通过财政支持的模式探索区域性图书馆服务网络的建设和发展，切实促进各项建设工作的稳定、高效化开展。同时，区域性图书馆在建设发展的过程中，要注意加强与区域社会组织之间的联系，争取获得社会组织和社会群体的支持，可以联合企业共同促进综合服务模式的构建，使图书馆公共文化服务事业借助企业组织的力量向企业、社会基层延伸，在合适融资渠道的支撑下，拓展资金来源范围，保障区域性图书馆服务网络建设工作的开展能获得充足的资金、资源供给，从而提高图书馆服务工作的建设效果，从而在新时代背景下结合区域公共文化服务事业的建设需求，对区域性图书馆服务体系进行全面创新，借助服务网络的系统构建提高建设效果和服务效果，为我国公共图书馆事业实现长效化、稳定化、组织化、协同化、资源共享化发展目标创造有利条件，保障图书馆能更好地为基层群众提供阅读引导和信息资源供给服务，加快中国特色社会主义文化事业的建设和发展总体进程。

# 第六章　公共图书馆文化服务体系的理念

## 第一节　公共图书馆文化服务理念的形成

所谓的理念，是一种理性的观念，作为柏拉图哲学中的一种原型，在现实的物质世界中有一个存在瑕疵的复制品。

### 一、中国式封闭性藏书到开放式藏书的理念的产生

我国的藏书史，据传始于上古时期，有文献记载的正式的藏书单位是由老子负责管理的周王室藏书室。在封建社会中，人们把整理在一起的文献称为"藏书"，而成立藏书室或藏书楼就是为了存放收藏来的文献。这一时期的"藏书"仅是为私人使用，并不存在"借阅"一说，表现出明显的封闭性。属于官方的藏书楼是为统治者提供文献收集的工具，而属于个人的藏书楼则是为了满足私人的兴趣爱好。另外，还有书院和寺观两种藏书机构，但使用者的范围比较小。由于我国封建社会在很长时间中处于统治者的管理下，为了巩固政权而实施统一的思想文化导线，并不倡导广泛传播文献的行为，更要禁止因为文献的传播而形成自由思想的理念。

"藏用"概念是由唐朝初年杰出的政治家、思想家、文学家和史学家魏征在《隋书·经籍总序》中首次提出的。在明清时期，这种私人藏书机构达到了兴盛时期，规模越来越大，数量也十分可观。澹生堂藏书楼和天一阁藏书楼就是明代著名的私人藏书楼，但这类藏书楼都有管理规定，只有家族子孙才有权利阅读藏书，是绝对"不得外借"的。这是"封闭性"的明显表现，对近现代的图书馆服务也有一定的影响。

到了明末清初时期，藏书开放的主张出现了。当时亲身经历了绛云楼藏书的大火之后的著名的藏书家曹溶看到藏书楼中丰富的藏书因为大火毁于一旦，只因为"不得外借"而没有得到只言片语的保存，感觉到了心血毁于一旦的伤心。他体会到了封闭式藏书是一种自私而狭隘的行为，提出了应该在藏书家之间"开放"藏书，互相交换手抄版本，更建议藏书家对自有的珍稀图书出资刊刻，以达到传世的目的。清朝的《古欢社约》就是由两名藏书家彼此约定开放藏书、互借图书的条约。清乾隆年间的周永年开设了"籍书园"，公开了自己收藏的全部书籍，实现了他"天下万世共读之"的藏书理念。清道光年间的国英以实用开放为藏书目标而开设了"共读楼"，将自己收藏的非常有实用价值的图书提供给贫困学生阅读。

"开放性"藏书楼出现之后，藏书家为了保护书籍，提出了严格的阅读管理条例。例如，要求只能在藏书楼内看书，不得带书外出；前来阅读的读者必须有亲朋好友的介绍才可以进楼阅读；读者在阅读时必须要保护好藏书，如果损坏了图书，则丧失了再次进楼阅读的资格等。

在封建时期，封闭性的藏书楼存在的意义是对文献进行保存和收藏，其重点在"藏"而不是"使用"。封建社会末期开始兴起的互借藏书、刊刻珍本、向士人开放阅读藏书的行为是我国藏书楼"开放"服务的雏形，但还没有形成现代图书馆"完全开放"的服务理念。

## 二、西方图书馆观念的引入和近代中国图书馆服务理念

早在明朝万历年间就有大量来自西方国家的传教士远渡重洋到中国传道。但是，由于我国民众在长期的闭关锁国和儒家思想教育下十分抗拒"西方宗

教"，所以，传教士便着手通过"西方先进的科学文化"教育方法来传播宗教思想，四处兴建教会图书馆、学校图书馆等西式图书馆。例如，上海徐家汇天主堂藏书楼、亚洲文会北中国支会图书馆、圣约翰大学图书馆等都是中国近代图书馆发展史上著名的西式图书馆。西方图书馆观念就在这一时期被当成西方先进文化的代表引入了中国。

传教士们将西方公共图书馆的基本情况及肩负的社会教育功能等内容写在了书中，供国人借阅。这一时期的教会图书馆实行向公众开放和半开放的制度。这是中国人第一次了解西方图书馆观念，也是第一次亲身体验了西方图书馆的"为天下之先的示范作用"。这一时期的西式图书馆不仅拥有丰富的藏书、美观的馆舍建筑，还采用了西方先进的图书馆理念和方法进行管理。这类西方图书馆的出现深刻鞭挞了传统藏书楼"藏而不用"的弊病，使国人逐渐接受了"图书为人人"的思想。因此，近代中国开始产生了"通过广泛兴建起西方式的图书馆，可使国家兴盛有望"的说法。

在近代维新变法时期，著名思想家、维新派梁启超先生把在中国建立西方式的新型图书馆用以教育民众看成是学习西方救亡图存、成就维新大业的重要组成部分。1896 年 9 月，梁启超先生在其主编的《时务报》上第一次使用了"图书馆"的名词。

近代中国社会已经慢慢接受了开放式的图书馆。1902 年，浙江绅士徐树兰创办的古越藏书楼正式对外开放，倡导藏书的公共性和开放性，这是我国公共图书馆发展的一个重要标志，在实践中体现了现代图书馆的开放理念。1904 年，湖南图书馆作为我国第一所正式以"图书馆"命名的官办公共图书馆成立。1909 年，当时的清政府颁布了《学部奏拟定京师及各省图书馆通行章程》，这是我国官方最早的图书馆章程，但是该章程中提出了要收取"入馆费"，并没有体现真正的"公共图书馆精神"。

1915 年，新文化运动开始后，李大钊提出了当下的图书馆不应该仅是藏书的地方，更应该是教育机构。为了达到提高国民素质的教育目的，他主张"废除文库式的藏书方式"，提倡"开架服务"。同年，民国教育部颁布了两部图书馆章程，明确了图书馆不能收取阅览费用。这是我国图书馆发展历史中，第一次明确地表述"图书馆免费服务"，有效地推动了图书阅读活动在当时的兴起。

到了 20 世纪初期，越来越多的图书馆学研究者提出了公共图书馆社会化和大众化的发展方向，以及公共图书馆要服务公众的理念。随后的几十年间，我国各省图书馆开展了各项推广图书阅览的社会文化活动。我国近代公共图书馆的服务理念和服务方式有了明显的进步。

### 三、新中国公共图书馆服务理念的变化

如上文所述，在我国，图书馆事业从无到有，再到初见规模，走过了漫长的历史。但是，受到清末及民国时期连续不断的战乱和政权更迭的影响，我国图书馆在 20 世纪的管理与服务几乎没有大规模的发展和明显的进步。所以说，图书馆事业的发展和图书馆服务理念的实现都离不开稳定的社会环境。新中国以后，我国的图书馆事业与服务管理历经了短暂的调整和平稳的发展。

进入 20 世纪末期，我国公共图书馆主要为社会发展提供服务。本着"读者至上"的原则，公共图书馆对不同服务对象提供针对性的文化服务。为了满足服务对象的文化需求，公共图书馆除了基本的借阅服务外，还会开展一些读者研究或教育培训类的活动，在提高公共图书馆的利用率的同时有效提升了全体公民的知识水平和素质能力。"读者至上"就代表了这一时期的公共图书馆服务理念，是对公共图书馆读者服务的工作的经验性的总结，也是我国公共图书馆发展的良性结果。另外，这与西方公共图书馆的"人人平等"的服务理念基本相同。

新中国成立后，公共图书馆的服务重点曾经有所调整和偏差。例如，既有以为科学研究服务为重点的公共图书馆服务，也有以政府政策决策服务为重点的公共图书馆服务。两种公共图书馆服务的认知在应用实践过程中都一定程度地将公共图书馆服务转向市场经济理念，体现的还是一种服务精神。

进入到 21 世纪后，公共图书馆行业内部出现了一些关于"图书馆价值"的讨论，公共图书馆精神和服务观点对公共图书馆发展起到积极作用，力求践行方案，在网络净化的环境下逐步开展文化素质教育。

# 第二节　公共图书馆文化服务理念的实现

公共图书馆是人类为了保存和传承人类文明的宝贵财富，也是全社会公众自由、平等地获取知识或休闲娱乐的场所。公共图书馆将人民的日常生活、学习知识和工作紧密联系在一起，具有一定的社会教育的功能。随着社会的发展和文明的进步，公共图书馆如实地记录着每一个发展阶段。

《公共图书馆法》中明确，现代公共图书馆利用馆藏资源和设备设施向广大社会公众提供了平等性、开放性、共享性地获取信息知识的服务。在我国，公共图书馆服务理念既要符合新时期社会主要矛盾转化的历史要求，还要保障每一位社会公众享受公共文化服务的权益。"平等性、开放性、共享性的公共文化服务"是公共图书馆服务理念的践行原则，"坚定文化自信、增强文化自觉、让人民群众享受更加充分的公共图书馆服务"是公共图书馆服务理念的最终目的。公共人文服务理念通过"以人为本"的服务方式、以服务对象个性化需求为导向的馆藏建设、以信息公平获取为目标的资源体系建设来体现，以提供文献借阅服务、声像信息服务、文献复制服务、参考咨询服务、馆藏文献报道、读者教育与研究、网络与数字化服务等服务内容来实现。

## 一、借阅服务

借阅服务是所有公共图书馆的传统基本服务之一，是要求公共图书馆提供便于读者阅读的文献资料、设备设施和相关环境才能实现的服务。在公共图书馆里，有一些像古籍善本、参考工具书、检索刊物、报纸、缩微品、机读文献、特藏或者保留本等文献是不能直接借出的，所以公共图书馆应该提供阅览室，供给服务对象安静地阅览。公共图书馆提供的阅览服务可以提高馆内文献资源的周转率和利用率，也便于馆内的工作人员接近服务对象、了解他们的公共文化需求。通过阅览服务的实现，公共图书馆便可以针对性地调整馆藏资源的结构、创新公共文化服务项目等。但是，阅览服务的实现效果会受到图书馆空间、服务时间和服务对象自身的文化素质水平等条件的限制。

随着社会的进步和经济的发展，人们的生活频率加快、工作节奏紧张，导致他们到公共图书馆阅览文献资料的次数日益减少。针对这一现象，践行"平等性、开放性、共享性"的公共图书馆服务理念，公共图书馆通常会选择建设数字化公共图书馆，以互联网拓展阅读服务的范畴；或者以最便利的原则积极建设社区图书馆、流动书车、图书自助服务 ATM 机等方式，将阅览服务的功能延伸到社会公众的生活中。

除了阅览服务外，外借服务是所有公共图书馆最普遍且利用率最高的服务内容，也更能体现公共图书馆的服务理念。外借服务是服务对象可以将公共图书馆的文献资料通过办理必要的手续在规定的时间内携带离开公共图书馆，拥有多次使用该文献的权利和承担借阅时间内的保管义务。在我国，几乎所有的省市级公共图书馆都会提供复本的普通书刊的外借服务，而对那些没有复本或按规定不能外借的文献可以提供诸如复印、拍照等其他服务形式。根据服务对象的组织结构和出借形式的不同，外借服务形式可分为个人外借、集体外借、预约借书、馆际互借、邮寄借书、流动借书等形式。另外，不同形式的公共图书馆也有不同的外借服务。封闭式的公共图书馆里，办理外借手续是十分烦琐的，要求服务对象提出借阅的文献名称、查找目录、填写索引单，再由工作人员取出文献并办理外借登记，这样的公共图书馆在现代越来越少了。在开放式的公共图书馆里，服务对象可以直接进入馆内根据图书编号直接查找自己要借阅的文献，然后直接到服务台办理外借登记。

目前，拥有开架服务的公共图书馆往往都实现了自动化图书管理系统。服务对象可以用身份证或借阅卡登录自动化图书馆管理系统，并根据文献关键词在电脑系统里查询图书所在位置。外借服务包括个体读者的借阅和其他图书馆或文化中心的借阅服务——馆际互借。这种外借的形式是发生在不同的图书馆之间的合作方式。馆际互借成了公共图书馆馆藏文献延伸的方式，弥补自身文献资源的欠缺和不足，实现了文献共享。这种模式有效促进一个国家或一个地区实现文献资源的合理布局。

进入 21 世纪，我国城市化进度加快，经济水平不断提高，信息科学技术飞速发展，互联网生活有效普及。为了吸引更多的服务对象、提高文献资料的利用率、优化借阅服务质量，公共图书馆也在不断地创新借阅服务形式。因此，在各大城市的公共图书馆纷纷开展了通过电话和网络办理外借手续，再提供送书上门的服务解决服务对象无暇到公共图书馆里借书的问题。还有公共图书馆根据图书馆登记的服务对象的背景信息，确定本公共图书馆的忠实读者的所在范围并设立外借点，方便服务对象能够在休闲时间就近借阅文献。

## 二、声像信息服务

除了纸质文献资料外，公共图书馆还可以向服务对象提供如声音、图像信息的文献制作和使用的服务方式。声像信息服务也称为音像服务或视听服务等，其涉及的信息载体通常包括幻灯片、透明胶片、图片、照片、招贴画、唱片、录音带、电影片、录像带和光盘等。❶公共图书馆根据声像载体和不同的技术提供不同特点的声像服务。声像文献资料让图文和声像共存，能够给服务对象带来更加直观、更加具体的文献资料。但是，声像文献资料对制作和使用的设备条件、环境条件的要求很高，需要的费用也很大。

大数据时代的新生活，让人们对客观世界产生了新的认识，我们的生活被大量的数据网络串联起来，声像文献资料已经成为城市生活中必不可少的信息载体。伴随着信息技术和网络技术的发展，硬件成本不断降低，网络带宽不断提升，云计算和云检索兴起、智能终端普及、电子商务和社交网络等得到全面应用、物联网应势出现。为满足大数据时代的发展需求，图书馆应该尽快脱离原有的传统图书馆的结构框架和信息服务，以大数据思维进行经营结构、服务理念、数字化建设等多方面的变革举措，重点发展以数字化形式为主的声像信息文献资料的开发和利用。

## 三、文献复制服务

对于不能够外借的重要文献资料，公共图书馆会利用场馆内的复印或打印设备、缩微摄影技术等方式提供复制服务。有了文献复印服务，服务对象面对

---

❶ 张剑锋．浅析广州地区公共图书馆通借通还服务［J］．科技情报开发与经济，2013．

不能外借又非常需要的文献资料就不用辛苦地誊抄了，既节省了时间和精力，也加快了文献的使用率和信息的传递速度。这种文献复印服务是解决公共图书馆因珍本不出借或复本不足而无法满足服务对象的文化服务需求的问题。进入到 21 世纪，因为智能移动终端的普及，读者对信息知识的追求及学习的需要而大量使用公共图书馆复制服务的情况越来越少了。

### 四、参考咨询服务

公共图书馆服务理念的实现方式还包括在公共图书馆内，工作人员对服务对象关于寻求、查询和借阅等方面的信息服务方面提出的疑问给予参考咨询服务。公共图书馆工作人员根据服务对象的文化服务要求，通过帮助读者检索查询、解答疑难或寻找专题文献等方式提供事实、数据和文献线索。其中，辅助读者检索查询服务是公共图书馆提供的最为传统的参考咨询服务之一。公共图书馆工作人员可以向服务对象提供手工检索或计算机检索的检索查询服务。由于计算机和网络的发展，检索服务向着自动化和数字化发展。为适应大数据时代发展的需要和用户不断提升的知识需求层次，现代公共图书馆往往通过构建数字化图书馆来实现数字化咨询服务。❶

在信息现代化的今天，为了满足用户对信息传播、储存的需求，为了契合社会和谐发展的需要，数字化图书馆的建设和发展十分必要。数字化图书馆在强化知识咨询能力的过程中，嵌入用户的生活、学习的全过程，创建有利于区域一体化的、能够提高知识的导航功能和纸质检索功能的知识咨询平台，以最大限度满足用户的知识咨询服务的需求。

1997 年，国家重点科研项目"中国试验型数字化图书馆"开启了我国数字图书馆应用项目建设的热潮。其中，主要有国家级立项（国家数字图书馆工程、国家科学图书馆等）、高校图书馆和其他图书馆合作建立的学位论文联机检索系统和特色数据库和科技类企业自建的商品化发展的数字书图书馆等三大类。目前，我国专业数据库主要是立足于大众出版领域的，为科研人员提供哲学、文学、经济、计算机、数理化等学科领域的学术科研信息的学术期刊、图

---

❶ 彭柳鑫.中学图书馆阅读推广工作初探——以周宁县第十中学图书馆为例[J].福建图书理论与实践，2016.

书、博硕士论文、工具书、年鉴等的数字化平台，文献收录较为完整，而且版权模式较为合理。其中，以中国知网、超星、书生之家、方正为代表的数字资源的建设工作已经形成了相当大的规模，并在网络上成功运营并服务了多年，深受广大科研工作者的欢迎。

参考咨询服务能够发挥公共图书馆的信息功能，还可以开发所有文献资料的利用价值，并显著提高了馆藏文献的综合利用率。为了更好地向更好的服务对象提供公共文化服务，我国大多数的大型公共图书馆都成立了参考咨询服务部门或机构，集中收藏参考工具书、检索工具书等，还有的公共图书馆为参考咨询服务部门配备了专门的工作人员。这类工作人员要比其他部门的服务人员更熟悉参考检索类文献和文献检索工具的使用等。不仅如此，公共图书馆的这项服务还可以综合全社会不同专业的优秀人士以互联网为途径，利用成熟的信息咨询平台解答图书馆服务对象提出的各种问题。这样的咨询服务在一定程度上实现了"平等性、开放性、共享性"的公共图书馆服务理念。

## 五、馆藏文献报道

为保障"平等性"原则，公共图书馆实现服务理念的方式还有让全社会公众充分了解公共图书馆馆藏信息的义务。因此，馆藏文献报道服务就是要通过编制各种图书馆目录、文摘、书评和专题资料，举办各种形式的文献展览，及举办各类型讲座、报告会等活动，让人民群众了解本图书馆文献资源的馆藏情况，并进一步明确公共文化的服务要求。在此基础上，公共图书馆才能够更有针对性地向服务对象提供检索和利用馆藏的咨询服务，最终实现了发挥馆藏的文化服务功能，提高文献利用率的目的。

## 六、读者教育与研究服务

读者教育与研究服务，又称为情报用户教育，是公共图书馆面向所有公众提供的一种培养其文献信息能力的服务方式，以达到提高服务对象信息素质的目的。

当公共图书馆服务对象具备了良好的信息素养，掌握了现代信息文献的查询和使用技术时，公共图书馆的文献利用率和信息传播质量都可以得到一定程度的提高。因此，为了实现服务理念，公共图书馆都在积极地开展服务对象的教育与研究服务，并抓住每一个接触读者的机会有意识地完成教育服务。读者教育与研究服务常常采用的方式有培训班、讲座，学术交流、个人信息网络学习、阅读辅导等。另外，针对服务对象的研究是以他们的个人标志性的特点和选择利用的文献之间的某种联系，研究服务对象的阅读心理、需求、行为等规律。服务对象的研究服务不仅是公共图书馆实现服务理念的方式，还是图书馆学专业非常重要的研究课题。公共图书馆开展服务对象的研究服务，可以使公共图书馆更加有针对性地了解服务对象的特点，有效提高公共文化服务质量和文献资源的利用效率，并及时调整公共图书的发展规划。

## 七、网络与数字化服务

随着信息基础设施的完善与国际互联网络（Internet）的普及，图书馆迎来了全方位的变革，信息时代的图书馆学基础理论已经形成了。1990 年数字图书馆的诞生意味着"传统图书馆—电子图书馆—虚拟图书馆—数字图书馆"的延伸过程已经形成。在这一延伸过程中，图书馆学研究的文献信息、多媒体信息等逐步实现数字化、网络化、共享化。作为文化信息中心，公共图书馆必然要向民众提供网络与数字化服务。由于互联网的发展，公共图书馆的许多文献资源都是通过互联网来提供给服务对象使用的，数据库在图书馆内可以自由或通过认证使用，成为传播信息的一种快速手段。网络信息资源同样可以通过网络传递。

### （一）网络信息资源

与机读型文献相类似，网络信息资源也是以光、磁等非纸质载体为载体，用数字化的形式将文字、图像、声音、动画等多种形式完成记录的文献。❶不同的是，网络信息资源不需要电子阅览器读取，而是依赖于互联网。网络信息资源是目前信息量最大、类型多样明显、更新速度快、传播广发、获取方式快

❶ 赵宗蔚．音像资料题名与责任者的著录［J］．图书馆杂志，2002．

速、共享性强等特点,是目前高校图书馆馆藏的主要来源。随着互联网的迅速发展,网络信息资源的数量日益庞大,主要包括:

(1)网络数据库资源是高质量的学术、商业、政府和新闻信息的重要来源,标志着高校图书馆信息资源建设的水平,主要包括馆藏数字化全文数据库、镜像服务型数据库、网络服务型数据库和链接存取型数据库。

(2)其他网络资源,指的是电子书刊和报纸、电子特种文献、站点资料、动态资料、交流信息等。

### (二)网络信息资源的建设

在大数据时代,为了更好地服务广大公众对信息文献的需求,公共图书馆有必要建立网络信息资源库。网络信息资源建设的主要任务就是将其馆藏的资料进行数字化处理,成为数字化资料,具体方法有直接对外购买,或者自行建立数据库和特色数据库,或者把原有纸质文献资料直接转化为数字化资源等。❶互联网的普及,数据化技术的发展,为网络信息资源建设提供了新的思路,即依靠先进的信息技术、数据挖掘技术、数据处理技术等,不断收集、检索、分析和处理文献资源,丰富文献信息结构,加强特色资源库和原生文献信息资源库的建设,重视信息资源共建共享的协同发展,完成大数据资源的基础建设工作。

# 第三节   公共图书馆文化服务理念的馆外延伸

公共图书馆文化服务理念除了能通过在馆内开展借阅服务、声像信息服务、文献复制服务、参考咨询服务、馆藏文献报道、读者教育与研究、网络与数字化服务等内容来实现之外,还可以将文化服务理念延伸至馆外,扩大公共文化服务范围。近年来,作为传统公共图书馆文化服务理念实现的补充,延伸服务正日益成为公共图书馆拓展服务范围、创新服务模式、深化服务内容的重

---

❶ 王大海.公共图书馆网络信息资源建设探索[J].产业与科技论坛,2014.

要手段。

## 一、联合图书馆的馆外服务延伸

为了有效实现公共图书馆服务理念和提升公共图书馆服务体系的建设，秉承资源共享理念，借助飞速发展的现代信息科学技术的支持，不同类型和系统的公共图书馆将整合自身的资源，联盟建设了联合图书馆模式。

20世纪中后期，联合图书馆模式在西方发达国家逐渐兴起。美国综合多个公共图书馆的资源实施的联合借阅方式是最早的联合图书馆模式雏形，从而成为最早实现公共图书馆资源共享的国家。随着共享理念、管理制度和信息科技的支持，原本单一、松散的图书馆合作模式逐渐完善。经过了半个世纪的发展，美国公共图书馆的联合图书馆模式已经实现了国际化发展，与全世界近百个国家和地区五万多个图书馆建立合作关系，提供各类公共文化服务。

在20世纪的80年代，我国公共图书馆事业发展到了一个成熟时期，联合图书馆模式逐渐成为了研究焦点，主要涉及馆际互借、联合编目、联合采购、一卡通服务、图书馆联盟建设等方面。时至今日，联合图书馆经过在全国各地的实践探索，已经形成了非常成熟的典型案例。例如，以公共图书馆总分馆运行体系，带动乡镇、街道图书馆（室）及村级文化活动中心建设，推动城乡公共文化一体化发展的"嘉兴模式"；以市图书馆为龙头，建设地区通借通还的图书馆服务体系，形成了本地区市、区、县、乡、村、街道各个层次的大、中、小型图书馆（室）一体化服务的格局的鞍山"一卡通"服务模式。

## 二、馆外借阅点的馆外服务延伸

顾名思义，馆外借阅点就是在公共图书馆外建立的文献借阅点，图书报刊订阅、需要的设备和负责日常管理的工作人员都是由主导建设的公共图书馆负责。馆外借阅点的建设对建设场地的面积和环境有一定要求，不仅需要主导建设单位负责购置阅览设施和对借阅点场地进行必要的装修。同时，主导建设单位还要安排工作人员或志愿者负责日常运作的管理工作。馆外借阅点可以提供图书借阅、报刊阅览、读者自修等服务，在一些偏远地区甚至可以直接代替当地的图书馆。

### 三、图书馆流通站的馆外服务延伸

图书馆流通站是我国很多一线城市实现公共图书馆服务理念的常规模式，主要是省市级规模比较大的公共图书馆针对部分边远地区的馆藏书少、缺乏文献采购经费的基层图书馆开展的馆外服务延伸合作。图书馆流通站能够以对方基本的馆建情况，补充其馆藏文献资源不足的问题，并指导其不定期地开展文献资料结构的调整。除了上述的服务延伸方式之外，图书馆流通站还是省市级规模比较大的公共图书馆对合作基础单位的管理人员、工作人员的进行业务指导、培训服务及辅助图书馆运营管理等的平台。

### 四、流动图书馆的馆外服务延伸

流动图书馆服务是为距离公共图书馆较远或因为多种原因不便于到公共图书馆的社会公众提供的馆外文献服务。目前，全世界各个国家都将社会职能作为发展公共图书馆的重要职能，强调公共图书馆提供的文化服务应该拓展到更广大潜在读者群中。因此，公共图书馆文化服务理念的实现就必须涉及丰富多样的服务方式。其中，流动图书馆服务就是实现公共图书馆文化服务理念的拓展方式之一。这种方式不仅可以提供阅览服务，还可以外借图书，有时还能不定期地开展如演讲比赛、座谈会等宣传图书或普及知识的群众性活动。流动图书馆选择的活动地点应该是像城市中心广场或大型商业街等人流多的场所，时间要选择在人们休闲或购物的集中时间段，从而更有效地实现公共图书馆的文化服务理念。

### 五、大数据时代下公共图书馆建设数字化图书馆延伸

随着移动通信技术的广泛普及和物联网的迅猛发展，移动图书馆和智慧图

书馆必然会成为公共图书馆未来发展的主流，是数字化图书馆进入更高级的一个阶段。❶

### （一）移动图书馆

#### 1．移动图书馆的内涵

移动图书馆，顾名思义，就是通过移动网络终端设备（即智能手机或 iPad 之类的设备）等，用无线网络接入的方式接收数字化图书馆通过网络提供的信息服务。目前生活中比较常见的移动图书馆服务内容有：短信功能或电子邮箱提醒图书借还期限或个性化图书推荐；利用手机随时随地上网查询馆藏图书信息、网络下载或者在线阅读想要知道的文献信息内容等。因为移动图书馆给用户提供了一个不受时间和空间限制的自由的虚拟图书馆，可以灵活地享受到图书馆的信息资源。因此，我们称"移动图书馆"是未来的图书馆发展的必然趋势。

#### 2．移动图书馆的特点

（1）便捷性。

数字化图书馆给用户带来了跨地区和时间限制的信息服务，但是通过移动图书馆的使用，服务对象可以得到更加便捷的公共文化服务。每一个服务对象都可以通过图书馆的移动而就近享受"移动"的公共文化服务。因为移动互联网已经普及我们周边的每一个角落，用户们利用手机等移动网络终端设备可以随时随地享受到图书馆的各种服务。

（2）自主性。

与传统的图书馆服务相比，数字化图书馆和移动图书馆都给予用户足够的"主动权"。服务对象通过移动图书馆可以实现在公共图书馆外的任何场地享受到和馆内固定场所一样的公共文化服务，具体的服务需求则是根据自身的兴趣爱好、时间、所处地点等因素而确定的。这样的服务方式不仅节省了服务用户的时间，更给予了服务对象选择的自由性。服务对象可以自由选择需要的文献资源，也可以针对性地选择服务的方式。总而言之，为了满足更多公众的公共文化服务需求，移动图书馆必须更新馆藏，时刻提升服务方式、水平和

---

❶ 陈圣韬，王净．基于智慧图书馆的移动图书馆应用研究［J］．图书情报论坛，2014.

质量。❶

（3）互动性。

移动图书馆是公共图书馆服务体系中提供主动、便捷的文化服务的改革途径。这种新型的公共图书馆服务形式有效增加了服务对象与图书馆之间的互动。那么，服务对象可以将自身对公共图书馆服务体系的体验感受和评价反馈直接留在移动图书馆内，或者提交自己的文献信息需求等。对公共图书馆来说，能够及时地接受到服务对象的服务反馈和借阅服务的预订信息，就可以针对性地提高服务质量，调整图书结构。因此，很多已经开展移动图书馆服务的公共图书馆都在该平台上开设了允许服务对象表达自己想法的模块，也设置了自由了解图书馆各方面的信息的功能。

（4）广泛性。

传统的数字化图书馆的信息服务方式需要电脑终端才能完成，而移动图书馆则因为移动网络终端设备（即智能手机或 iPad 之类的设备）的全方位功能设计而对服务对象不再设置任何限制，有效拓宽了服务面向。例如，收集的有声读物播放功能（如喜马拉雅 FM APP）可以向盲人、儿童和一些患有眼疾的中老年人提供特殊的信息服务，提供个性化的电子图书资源。

### （二）智慧图书馆

#### 1. 智慧图书馆的内涵

智慧图书馆是一种在数字化图书馆建设的基础之上，通过物联网、云计算、关联数据等新的信息技术，预测用户的需求，提供泛在、及时的智慧服务的图书馆发展的新形态。因为是在数字化图书馆建立的基础上充分使用物联网的创新技术，所以智慧图书馆同时具有物理网点和数字化图书馆的所有特点。智慧图书馆的"智慧"主要体现在两个方面，一是物理设施、硬件设备，即"硬实力"，这是外在的、显性的部分；二是图书馆员的智慧化的服务，即"软实力"，这是内在的、隐性的部分。❷

#### 2. 智慧图书馆的特点

因为智慧图书馆是在数字化图书馆的基础上通过物联网、云计算、关联数

---

❶ 肖频. 移动图书馆服务现状及应对策略［J］. 图书馆学刊，2014.

❷ 李雪萍，饶奕辉，吴青林. 略论智慧图书馆功能模块与分析设计［J］. 内蒙古科技与经济，2019.

据等新的信息技术才得以建设和实施的。因此，智慧图书馆的特征主要体现在互联泛在、感知、智能化等方面，这是区别于传统图书馆及数字图书馆的本质特征，也是智慧图书馆的精髓。

（1）互联性。

互联，顾名思义，互相联系。智慧图书馆的"互联性"就是要求智慧图书馆必须建立在高速互联网的基础上，以保证知识产权合法合理化的前提下，将数据分享给互联网所有的用户。在智慧图书馆建设过程中的"互相联系"的因素有不同图书馆之间的联系、信息系统中零散的数据之间的联系、图书馆内部各类资源的联系等。智慧图书馆在虚拟的空间内抽象地建立了一个由多角度的互联的数字化图书馆构建的整合图书馆。

（2）广泛性存在。

因为智慧图书馆联系了各个角落的数字化图书馆和零散的数据，也就为各个角落的用户打开了随时开启信息查询和信息获取的大门。这种不论何时何地何种原因在网络上自由获取数据和享受信息服务的模式，就是智慧图书馆广泛性存在的意义。

（3）高效智慧化。

智慧图书馆在大数据时代背景下，通过智慧化技术的帮助，实现高效便捷的信息服务。这里的智慧化技术包括数据挖掘、云计算、云存储等先进的技术。面对越来越大的实体图书馆建筑空间、越来越繁重的数据处理体量、越来越复杂的服务体系，智慧化图书馆得力于先进科技实现的灵敏化、智能化的信息管理系统，满足了服务对象对综合公共文化服务的需求。

## 六、基于跨界合作实现公共图书馆服务馆外延伸

### （一）与实体书店合作实现公共图书馆服务馆外延伸

1. 实体书店内的馆外图书借阅处

近几年，现代化信息科技的发展，公共图书馆之外的服务延伸方式表现出更加多元化，也更加创新。其中，最先出现的方式是在实体书店内的馆外图书

借阅处。简单来说，就是公共图书馆在实体书店内开设一个借阅处。公共图书馆和实体书店，其服务对象都是喜欢阅读或有信息文献需求的人群。因为这一兴趣爱好，公共图书馆与实体书店的合作，服务质量和服务效率更好。❶ 在实体书店内的馆外图书借阅处可以采用与总馆完全一致的管理模式，提供标准化的服务体系，并与实体书店的经营模式相结合，实现三方共赢的良好效果，也有效地降低了公共图书馆的采购压力，降低馆藏管理成本。凡是持有公共图书馆读者卡的服务对象都可以在实体书店选择需要的图书，再直接找工作人员办理借阅。在实体书店享受借阅服务，读者是不需要支付费用的，能够享受到比公共图书馆总馆更省时省力的服务。同时，服务对象想要还书的时候，可以有更多的选择空间——书店或者公共图书馆。内蒙古的书店就尝试过这种模式——彩云计划。不仅如此，内蒙古图书馆还推出"彩云服务"手机 APP 客户端，方便服务对象用智能手机直接网络下单借阅，并在服务对象下单之后通过第三方物流快递送书上门。这种方式丰富了内蒙古图书馆的文化服务价值，也有效地激发了广大群众的阅读兴趣。

2. 公共图书馆与实体书店一同组织选书购书活动

这种方式是从"选书"和"购书"两个角度组织的互动，也是公共图书馆丰富公共文化服务的创新举措。在与实体书店一同组织选书购书活动时，公共图书馆的馆藏资源不断丰富，文献资料的利用率也不断提高，公共文化服务满意度自然也会受到公众的肯定。因此，公共图书馆与实体书店一同组织选书购书的活动被称为是最能够满足服务用户个性化需求的馆外服务延伸手段。活动开始之前，公共图书馆要利用自己的公众账号或官网开展一系列预热活动宣传，公布合作的实体书店具体名单。有兴趣的服务对象则可以手持公共图书馆的借阅卡去实体书店选书，或在公共图书馆 APP 上直接选择想要借阅的图书。

### （二）与地铁合作开图书馆实现公共图书馆服务馆外延伸

与地铁合作建立馆外借阅处的方式，与实体书店类似，但合作的平台是实体与虚拟相结合的模式。与地铁合作开图书馆的方式有在车厢里直接放置实体

---

❶ 丁若虹，冉华. 开眼界、拓思路、补短板、谋发展——广东省、市、区公共图书馆考［J］. 图书情报通讯，2017.

图书阅览架和利用车厢内的电视屏幕播放图书信息两种方式，乘客在地铁官方网站、APP 上进行借阅订单服务。这种创新合作的目标就是乘坐地铁出行的乘客，尤其是比较集中的上班人群。

与地铁合作开展借阅服务的方式最开始是在地铁站简单地设立公共图书馆借阅处，用于公众借书与还书，后是在地铁站里直接放置实体的书架，定期更新书架上的图书。时至今日，随着现代信息科学技术的发展和应用，这种合作方式已经可以利用地铁车厢内的电子屏幕提供图书信息，让服务对象利用碎片化时间获得文献资料的基本资料，然后通过官网、微信程序或地铁站借阅图书机器等快速、便捷地享受文献借阅的公共文化服务。在合作的过程中，车厢里实体书架的管理需要公共图书馆定期派出专业的工作人员完成，如图书的更新和破损图书的替换。通过这种严格的管理方式，保障了地铁图书架图书的数量和质量，也体现了公共图书馆文化服务的统一性和标准化。针对电子屏幕和借阅图书机器的故障问题，通过系统与公共图书馆系统的联网实行监控，发现问题，及时安排修理人员解决问题。这种方式充分利用了地铁站空间大、地铁里人流多的特点，不仅便于公共图书馆的服务对象借阅图书，还能够让他们在忙碌生活中感受到片刻的文化熏陶。

### （三）与咖啡馆合作实现公共图书馆服务馆外延伸

随着我国社会的不断发展和经济水平的逐渐提高，咖啡成为我国广大人民群众最喜欢的饮料之一，尤其是以年轻人为主的人群，已经接受了喝咖啡的时尚休闲活动。我国各大城市，大大小小的街头如雨后春笋般出现了许多类型的咖啡店。截至 2020 年 12 月，我国已经拥有了 10.8 万家注册经营的咖啡馆。其中，一线城市的咖啡馆 2 万多家，新一线城市的咖啡馆更有 3 万家之多。

众所周知，人们在公共图书馆可以获取信息知识，在咖啡馆里则可以享受休闲娱乐。如果在咖啡馆里开设公共图书馆的借阅处，人们就可以"寓教于乐"，使用娱乐休闲时光获取信息知识。公共图书馆和咖啡馆的巧妙结合，实现了两种不同文化单位之间的借鉴和学习，满足了服务对象对信息、文化等多方面的需求。与在地铁里开设借阅处不同，咖啡馆的图书借阅处更符合中青年服务对象的喜好。当读者在咖啡馆里享受休闲时光时，可以利用公共图书馆的公众账号、官网、APP 等形式浏览文献资源目录，再提交订单，并明确选择所在咖啡馆为提取借阅图书的地点，最终在咖啡馆完成阅读体验。这种模式相当于把咖啡馆当成了公共图书馆的阅览室，更加优质的阅览环境让服务对象有更加美好的阅读体验。上海市闹市区的很多咖啡馆里就设有借阅服务点。在服务对象完成了网络借阅订单之后，公共图书馆的馆员像外卖员一样把借阅的图书按要求的时间送到指定咖啡馆。上海市徐汇区图书馆的这种方式不仅大大节省了服务对象往返公共图书馆的时间，还提供了优雅的阅览环境，更在提高馆藏文献利用率的同时促进了咖啡馆的营业额。

### （四）与快递公司合作实现公共图书馆服务馆外延伸

考虑到服务对象中存在一些像老年人、身患残疾或因工作无法到公共图书馆借书的人群，公共图书馆很早以前就开展了送书上门的借阅服务。现在，这种"外卖"式借阅图书的服务已经将服务范围扩大到所有需要享受公共文化服务的用户。因此，在我国物流行业发展得如火如荼的今天，公共图书馆选择与快递公司合作，由快递人员完成借阅图书的配送工作，以达到提高公共图书馆的馆藏图书利用率、文化服务的质量和水平的目的。

1. 图书外借方式

与快递公司合作的公共图书馆外借图书的方式有微信借阅和信用借阅两种方式。其中，微信借阅就是各个公共图书馆利用自己的微信公众号提供借阅服务，具体操作就是要求服务对象关注公共图书馆的公众号，并在公众号平台上登录、选书、登记、生成订单，快递人员会在规定时间内（一般是 2～4 天）送书到家。另外一种方式是与支付宝合作，利用自己在支付宝中累积的信用值（600 分以上）享受图书借阅图书。支付宝中有"借书"的功能模块，服务对象登录后选择文献图书，提交借阅申请，生成订单。根据借阅订单要求，快递员会在公共图书馆内提取图书，并在规定时间内（2～4 天）送书到家。杭州图书馆已经开展了这样的活动。❶

2. 图书归还方式

不论是选择微信公众号还是支付宝平台申请借书，用户都可以在原有借书平台上申请还书，预约快递上门，付费归还图书。在还书的流程中，"归还时

❶ 赫英鹏. 转型与发展——辽宁省图书馆文献借阅服务实践探索 [J]. 图书馆学刊，2018.

间"和"快递费用"是两个关键因素。归还的时间是公共图书馆统一制定的快递送书到图书馆的时间，而费用则是根据数量由服务对象付款。沈阳市图书馆已经开展了和顺丰快递公司合作，在沈阳市市区内利用顺丰完成还书服务。收取服务费 20 元，还书数量不可以超过 5 本。值得注意的是，还书时需要读者自己打包，还书后如果出现破角、磨损等情况还需要服务对象赔偿。

### （五）与博物馆 . 美术馆合作实现公共图书馆服务馆外延伸

近几年，我国政府越来越重视公共文化事业的发展，对很多城市的公共图书馆都在馆舍修建、内部基础设施建设、设备的采购等方面提供了财政支持。与公共图书馆同样作为文化服务机构的博物馆、美术馆也都以"收藏"为核心服务，并为展品提供了展览空间。博物馆、美术馆里的珍贵藏品和艺术品都是单纯地依靠作品本身的魅力吸引观赏者的眼光。但是，这种展示方式缺乏文字或语言的解释，并不能够充分展示更加立体的作品和其背后的艺术价值。公共图书馆和博物馆、美术馆的共享资源合作模式有合作举办展览和合作创办新馆两种模式，也有馆内展览和馆外巡展两种展览方式。公共图书馆与博物馆、美术馆合作，通过馆与馆之间的交流，文献与藏的互相交融方式，使每件藏品或艺术品的文化底蕴充分地表达，让艺术的美誉文献中的内涵相得益彰，这不仅是一场视觉盛宴，还是一场文化知识的交流，形成了地方性的特色文化。

### （六）与学术机构合作实现公共图书馆服务馆外延伸

针对公共图书馆服务理念的实现方式中的"读者教育与研究"服务方式，我国各大省市公共图书馆都选择与当地的学术机构或各大院校学者合作进行交流，开展讲座、演讲、签售等活动。这类活动的内容非常丰富，时效性极强，深受广大公众的欢迎。这类活动能让服务对象和学术专家或知名学者面对面互动，更让人感到惊喜。

公共图书馆与学术机构合作已经成为社会信息专业化传播服务的有效形式，如新书签售会、健康讲座、节日传统文化讲座等。笔者有幸在 2019 年参加了由当地公共图书馆与作家协会合作举办的著名作家连谏的新书签售会。在签售之前，作家与读者之间畅所欲言，谈作品、谈创作初心、谈人生，甚至还因为连老师的女儿非常优秀而谈及了子女教育的话题。整个交流的过程非常温馨而热情。这种实现公共图书馆服务馆外延伸的方式，可以让公共图书馆依托学术机构的专业和地域的优势，打造特色文化品牌，创新公共文化新形式，既满足了广大人民群众的日益增长的文化服务需求，还实现了信息文化的高效传播。

### （七）与24小时便利店合作实现公共图书馆服务馆外延伸

目前，我国各大省市的公共图书馆的选址有两种趋势，或是在市中心，或是在远离城市的新开发区，社会公众享受公共文化服务都不太便利。提及"便利"，我们很容易想到居民生活区周边的便利店。这类便利店不同于大型的商超，主要是以满足群众的日常生活所需的小型超市，多数以"全天营业"为服务特点。因此，国外很多城市的公共图书馆开始尝试与24小时便利店合作，开展公共图书馆服务馆外延伸。在全年无休、全天无休的24小时便利店里，公共图书馆的读者可以利用自己的休闲时间随时借阅图书。这种创新的服务方式，与在咖啡馆里设置馆外借阅处相似，既满足了读者借阅图书的需求，避免了公共图书馆因时间受限而导致读者无法借还书的难题，还为24小时便利店创造了新的营业额。

目前，我国大部分地区还没有公共图书馆与24小时便利店开展合作。本着"以人为本""以读者为中心"的服务理念，相信公共图书馆会开通与便利店合作以实现公共图书馆服务馆外延伸。

# 第七章　我国公共图书馆服务体系现状

## 第一节　公共图书馆服务体系的内涵

### 一、公共服务与公共文化服务

公共服务，顾名思义，是公共机构。

为了满足全社会公民对公共服务的需要，公共产品通过采取有效协调社会资源的途径实现了有效的提供。整个公共产品的概念，包括公共实体品和公共服务产品。因此，公共服务不会因为某一个人对其进行了消费而影响其他人对公共服务的消费行为和消费效果，这就体现了公共服务作为公共产品的属性特征。从服务的属性分析，公共文化服务是公共服务范畴中的一个分支，也具备了公共产品的属性特征。

另外，政府为了保障全社会公民对基本文化的需求都能被满足，提出了公共文化服务的概念。社会大众要切实享受公共文化服务需求、满足全社会公众公平、无偿地获取文化产品，政府就必须发挥提供文化产品和服务的主体作用，提供公共文化服务。

从这一角度分析，公共文化服务进一步细化，属于政府公共服务的范畴。在全社会公众获取公共文化产品和服务的过程中，政府发挥的作用具有明显的主导性，而各个地方的公共图书馆或博物馆等部门则发挥了积极的辅助作用。由此可知，公共文化服务的主体具有明显的多元化特点，并在不同服务主体之间形成共同协调的动态关系。

## 二、公共图书馆的基本公共文化服务及其特征

### （一）公共图书馆的基本公共文化服务概念

在公共文化服务体系中，根据《国家基本公共文化服务指导标准（2015～2020年）》的要求，公共图书馆能提供的基本服务是指以最低标准提供的图书馆信息文化服务。❶为了保障全体公众享有基本的文化服务权益，公共图书馆的基本文化服务具体内容涉及图书、报刊和电子数据信息的基本借阅服务，公共硬件设施、信息资源、服务监督评价等。自改革开放以来，我国社会发展迅速，经济增长加快，人民群众的消费需求正处在从物质向文化转型的关键时刻。作为文化传播的传统载体，公共图书馆成为了满足公众文化需求而提供文化资源和文化服务的设施及场所。随着我国社会体制越发健全、经济水平日益提高、综合实力不断攀升，公共图书馆已经成为文化服务组织的典型代表，其提供的文化服务更是有效且积极地推动了整个社会公共文化服务体系的良性发展。❷

### （二）公共图书馆服务体系的特征

#### 1. 公共图书馆服务体系的核心基本性质是无偿性

对图书馆来说，其提供的文化服务是否免费是判断图书馆性质的根本标准。对公共图书馆服务制度的最基本要求就是在向全社会公众提供的文化服务和开展的社会活动不可以有盈利。公共图书馆服务体系的建设主体是政府的有关部门，活动的主要经费来自政府的财政拨款。所以，在国家相关文化政策的

---

❶ 罗静.各级公共图书馆在构建基层公共文化服务体系中的地位与作用［J］.图书情报通讯，2010.

❷ 曹焕燕.公共图书馆在老龄化社会中扮演的角色［J］.科技情报开发与经济，2012.

指导下，公共图书馆开展的文化服务活动，都不能具有商业性质，不需要遵循"使用者为了获得所要的产品或服务都应该有所付出"的原则。所有的社会公众都应该无偿地享受公共文化产品，也应该拥有参与公共文化活动的权利。如果一些公共文化活动产生了必要的收费，那么提供公共文化服务的机构也必须严格控制定价。

综上所述，公共图书馆开展文化服务的出发点是公益性特征，而其落脚点依然是对其公益性特征的坚持。正因如此，公共图书馆服务体系也必须保持无偿性。公共图书馆的服务是社会经济长期发展后的产物。对全体社会成员而言，公共文化服务必须是不用付费的，或者仅需要极低的费用。❶

### 2. 公共图书馆服务体系最重要的基本性质是公有性

我国的图书馆体系主要包括国家图书馆、学校图书馆、公共图书馆、专业图书馆、技术图书馆等。其中，公共图书馆不同于其他性质的图书馆，是因为其服务对象是全体社会成员，其文献资源也是全社会共有的公共资源。公共图书馆服务体系的公有性就是强调其为大众提供文化服务时的意义。

公共图书馆作为一种社会服务机构，存在的基本价值就是要给予全社会公众一种自由获得信息知识的权利，以实现社会信息资源的科学调节和合理分配。公共图书馆向社会公众提供文化服务的原动力就是公有性。

### 3. 公共图书馆服务体系的期望基本性质是便利性

在向全社会公众提供文化服务时，公共图书馆需要根据服务对象的文化服务需求进行信息知识产品的开发、加工与整合，以便向其提供成型的、便于接受和理解的文化形态。为了实现公众对文化服务的期望需求，公共图书馆服务体系必须要尽可能提供最为便利获得的服务产品。

### 4. 公共图书馆服务体系应具备的基本性质是无差异性

无差异性体现在全世界现代公共图书馆提供文化服务的应有要求中，其具体表现为向所有公众提供的文化服务都是相同的。根据《图书馆五定律》中的规定，只有保障所有社会公众都有"书"可读，才能够实现社会民主。公共图书馆服务体系的无差异性就要向全体公众提供没有任何附加条件的标准化的统一文化服务。

❶ 李亚军. 市级公共图书馆服务体系建设实践和存在问题［J］. 图书馆学刊，2011.

### 5. 公共图书馆服务体系的潜在性质是创新性

公共图书馆是人类文明和社会发展进步的产物，是人类记忆、精神艺术和文化知识的传播和保存的载体。随着科学技术的发展，公共图书馆在开展公共文化服务和发挥文化促进功能的过程中，不断创新实现知识和信息的加工开发。由此可见，公共图书馆不仅保存着社会发展的前沿信息，还具有创新开发的特性。除此之外，公共图书馆文化服务体系，还能根据社会发展的最新动态和轨迹来调整文化服务活动的实施方针，进而开发出具有持久生命力的文化服务产品。

## 三、公共图书馆服务体系的含义

在整个社会文化服务体系中，公共图书馆服务体系是最为重要的，对其他公共文化服务体系具有明显的指引作用。[1] 公共图书馆服务体系，即某一公共图书馆在其服务的具体区域内，以保障向所有社会成员提供相同的文化服务为目标，秉承全社会知识和信息的公平性原则，通过独立或合作的方式提供的所有文化服务的总和。简而言之，公共图书馆服务体系就是所有单体的图书馆建立合作的平台集合，以实体场馆和设备设施为主体，发挥智慧支援和信息支持的功能。

在我国，因为不同的管理模式、资金渠道、服务技术等，形成了不同的公共图书馆服务体系构架，具体分为三种具体模式。第一种模式是为了保障文化服务的普遍性和公平性，尽可能发挥就近或民间组织等社会力量的联合作用，形成覆盖率高的、能够突出发挥基层公共图书馆功能的架构；第二种模式是在图书馆分级行政管理的体制下，建立"总分馆体系"为特色的统一服务、统一管理、统一技术支撑的图书馆共同体；第三种模式是在某一指定的区域内，凭借先进的智能信息管理系统和完善的物流系统，将不同主导和主管单位的公共图书馆协调组织起来，形成的资源共享的区域性服务网络的公共图书馆服务体系。

综上可知，公共图书馆服务体系可以使某一地区内的所有公共图书馆形成

---

[1] 倪佳.公共图书馆在公共文化服务体系中的作用［J］.湖南科技学院学报，2013.

联合整体，以达到有效拓展文化服务的辐射面的目的，并有效弥补该地区内的单体图书馆开展文化服务时可能出现的各种弊端。这些公共图书馆形成的联盟结构是一个松散的联合体，并不影响原有的纵向行政管理关系，仅仅是在开展文化服务的横向业务上产生联系，通过技术方法和管理模式实现不同公共图书馆的统一性和自由性。由于不同区域的社会文化存在差异，经济水平发展不尽相同，所以，在不同区域内建的公共图书馆服务体系也会出现不同的模式，但公共图书馆服务体系总的发展趋势要达到统一化、联合性、全覆盖、拓展性、均等化的最终模式。

# 第二节 公共图书馆服务体系建立的背景

## 一、公共图书馆服务体系建立的积极意义

随着新时期的社会发展和公民知识文化水平的不断提高，发展公共图书馆事业成为一种必然的趋势，而建立健全公共图书馆服务体系则是发展公共图书馆事业的必然手段。[1]

在新时期的文化建设过程中，建立健全公共图书馆服务体系不仅能够加快信息知识的传播，还可以增强文献资源的辐射作用，并以此达到服务功能的最优化和资源供给的最有效。在设计公共图书馆服务体系时，通过先进的文献电子借阅系统和设备可以简化整个借阅流程，方便读者对馆藏图书的借阅。在公共图书馆服务体系中应用现代科学技术，提高了信息资源的应用效率，有效地提高了信息资源的传播速度，扩大了传播覆盖面，也逐渐完善了公共图书馆服务体系。

除此之外，建立健全公共图书馆服务体系意味着对公共图书馆的工作人员的业务水平、图书阅览室的环境、借阅系统设备的质量等方面提出了更高的要

---

[1] 钟代兴.基层公共图书馆服务体系建设的研究［J］.办公室业务，2015.

求。正因如此，我们在不断地追求更高质量的公共图书馆服务体系时，公共图书馆的服务面、服务质量等就会出现较为明显的拓宽和提升，进而推动了广大读者对文化知识的渴求，提高了全民文化素质。所以说，建立健全公共图书馆服务体系是推动我国公共文化事业发展的原动力，是树立全社会学习风气的主要出发点，也是满足全社会公众对教育教学的渴望的方式，也是切实扫除文化盲区的手段，更是构建和谐社会的最佳途径。❶

## 二、影响公共图书馆服务体系建立的外部因素

### （一）政治因素

不同的政治体制下，政治因素对公共图书馆服务体系建立的影响作用也具有明显的时代特点。经历了上千年封建社会的专制统治和动荡不安的发展过程，最原始的图书馆——藏书楼发挥了一定的文献收藏和保存作用，但是每一次的社会动荡，都会销毁不利于专制统治的文献。到了清朝末期，西方文化随着西方传教士进入到中国，西式图书馆也在中国落地生根了。但是，当时清政府的闭关自守，对近代图书馆的发展造成了一定的阻碍。

鸦片战争后，我国已经形成了学习西方科学技术的风气，尽管对于中国传统文化产生了一定的侵略性，却也促进了文化流通。当时，英、法、美、德、俄、澳、意等国遍设各级各类图书馆，管理方法、服务制度和先进技术，以及普通民众对阅读和藏书的需求程度等都远远比当时清王朝的藏书楼要先进许多。西方传教士进入到中国之后，在开办教堂和教会大学的同时，也创建了许多秉承"公共、开放、共有"的现代图书馆服务理念、具有先进管理水平的西式图书馆。随之而来的，我国也逐渐兴起了现代图书馆或者具有现代图书馆服务理念的藏书楼。具有图书馆职能的藏书楼也不再只单纯地"保存"文献，而是开始尝试使用和利用其职能，并积极地向全社会的普通百姓开放。新中国成立后，我国图书馆事业开始逐步走上正轨，各地图书馆或藏书楼也逐步经历了改造、调整、巩固和提高阶段。

---

❶ 冀海燕.浅谈公共图书馆联合服务体系构建策略［J］.图书情报通讯，2013.

由此可见，社会的发展对图书馆服务的开展产生了一定的促进和制约作用。其中，生产力的发展、生产关系的变化、经济水平的情况、社会上层建筑的特点、社会制度和社会形态等都对图书馆的建立和服务过程产生了强大的约束力。在社会生产力处于不同的发展水平、社会关系发生变革的时候，或不同的社会政治思想和政治观念影响下，图书馆的发展都会表现出不同的形态，这是因为图书馆的活动本身体现了一定的意识形态，而意识形态必须服务于社会的政治思想和观念。

改革开放之后，我国的图书馆事业得到了快速的发展。为建设社会主义现代化，将科学文化知识传承下去成为了图书馆建设的核心价值。图书馆服务体系的建设能够为改革开放营造一个稳定的文化交流氛围，并推动公共图书馆的发展。

改革开放之后的政治新形势和渗透的市场价值观改变了公共图书馆的投入机制。告别传统的政府投入和尝试自负盈亏的非传统公共图书馆服务体系对于图书馆事业的发展造成了很大的影响。公共图书馆甚至开始尝试商业性的服务活动，服务大众的理念受到了质疑。进入 21 世纪，公共图书馆为公众服务的精神逐渐回到人们的视野中，研究领域开始重新回归服务理念和服务功能。

在西方公共图书馆的管理模式中，公共图书馆是政府提供资金来源的公益性机构，其在整个公共财政预算中的价值和地位也会受到政府和普通大众对公共图书馆价值的评价结果的影响。所以，公共图书馆提供的文化服务质量和水平高低直接影响着公共图书馆获得财政支持的多少。由此可见，不同的公共图书馆在社会政治制度下，会有三种不同的发展前景：首先是远离政府指导的公共图书馆，因为缺乏政治目标的价值而可能会失去财政方面的支持，但是也可以尝试获得来自社会组织的支持或者调整自身功能来获得政府方面的重新评价，进而达到获得发展机会的目的；其次是发挥尽可能贴近政府政治中心的职能的公共图书馆，可能因为某种原因并没有得到良好的政府评价，所以会选择加强宣传或争取民众的支持来调整政府重新评价，从而获得财政支持，改善图书馆发展的条件；最后是发挥了符合政治价值的职能且也获得了政府良好的评价的公共图书馆，得到了财政支持，进而抓住发展时机，争取了最好的发展机会。

所以，我国目前的公共图书馆发展规划，应该结合本地资源，保持提供公平的、无偿的公共文化服务的初衷，承担推动地区发展的功能和作用，为全社会公众提供有针对性的高质量的文化服务。在公共图书馆服务体系的建设过程中，图书馆应该积极正确响应政府的正确认识，获得更多的发展支持和机会。

## （二）经济因素

在我国，大多数的公共图书馆是由政府财政拨款支持建设，向全社会公众提供公平的、均等的公共文化服务的公益性质的单位部门。所以，不同地区的公共图书馆的发展建设情况都与其所在地区的经济发展水平有着密切的关系。

在 20 世纪中期，联合国教科文组织多次强调公共图书馆服务应该由当地政府授权立法，如此才能够按照国家标准给予足够的资金支助来实现有效的管理，才能够明确公共图书馆的职能和作用，并有效地创造发挥其职能和作用。所以，立法成为了公共图书馆发展的必要条件之一。正因如此，全世界各国各地政府都逐渐通过立法的手段给予本地区建设公共图书馆，发展公共文化服务事业提供基本的经济保障。目前，世界通用的图书馆经费预算的计算方法是要根据国民总收入来计算的，或者以该地区人口总数为基准进行计算。

公共图书馆建设和管理的经费属于政府的财政预算，与国民经济发展的水平、国民经济收入等因素有着直接的关系。所以说，经济发展情况是建立健全公共图书馆和提升公共文化服务的根基，更直接决定了公共图书馆的物质条件和其他经费投入数额、管理技术水平和设备先进性。[1]社会公众对公共图书馆的地位、职能的认知情况和重视程度，以及各国各地区政府对公共图书馆事业的支持程度都影响着该公共图书馆的建设和运营的资金数量和来源。进入国家新的发展时期，我国的公共图书馆工作环境和文化服务质量都因为现代信息技术的广泛应用和智能互联网的有效推广而相应地提高了。事实上，作为普通的社会公众，既希望能够得到公共图书馆提供的便捷、快速的信息服务，却又在整个社会公共事业中忽视公共图书馆的价值和功能，进而影响了建立健全公共图书馆服务体系的进度和质量。长此以往，便会影响公共图书馆得到财政支持的能力，而随着时间的推移逐渐失去保存和传递人类文明成果和知识财富的能

---

[1] 崔英兰，何素梅，杨旭 . 美国大学后 2015 图书馆战略规划及借鉴［J］. 国家林业和草原局管理干部学院学报，2019.

力。作为公益性的事业单位，公共图书馆是无法直接产生经济效益的，所以，公共图书馆服务体系在市场经济的冲击下便无法发挥应有的作用。

另外，我们还应注意到经济因素对公共图书馆的最直接影响是公共图书馆工作人员的工资收入。虽然是得到财政支持的公益性事业单位，但是图书馆工作人员的工资普遍都不高，所以，往往会因为经济条件的影响而产生离职的想法。长期的公共图书馆人员流失问题会对图书馆自身的经营发展产生影响，更会对公共图书馆服务体系的建立与使用造成不可预估的破坏力。我国第一部促进图书馆事业发展的法律——《中华人民共和国图书馆法》，对国家支持公共图书馆发展的经费拨付和具体比例方面有了明确规定，对我国公共图书馆事业的发展产生了决定性的影响。

### （三）文化因素

社会文化能够促进人类的发展，丰富我们的精神世界，更能有效地促进社会的发展和不同国家之间的沟通交流。公共图书馆的发展及其服务体系的建立都是社会文化建设与发展的一部分。社会文化的特点与公共图书馆服务体系之间也存在着密切的关系。某一国家或地区对社会文化足够重视，就会对文化设施加大投入，这就直接决定了作为主要文化设施代表的公共图书馆能够拥有资金扩大馆舍的建筑规模、拥有先进的信息化管理技术系统。对某一个国家或地区而言，社会文化对娱乐生活的倾向就意味着该地区公众对公共图书馆服务的利用情况。在我国很多的大城市，社会文化对公共图书馆服务体系的建立起到了非常重要的作用。例如，在深圳市，人们最喜欢的学习和休闲场所就是公共图书馆。深圳是一座非常具有学习氛围和积极向上精神的城市，公众甚至将公共图书馆作为提高生活质量和提升自身价值的场所。因此，他们对公共图书馆的文化服务也就提出了更高的要求。相反，在很多二、三线城市或者中西部地区，很多公共图书馆就成了摆设。与阅读相比，市民们更喜欢麻将馆或者在树荫下打扑克。在这样的社会文化氛围中，公众对公共图书馆的忽视会造成政府对建设公共图书馆服务体系的不认可，导致公共图书馆无法开展丰富多样的文化服务活动，也无法提高文化服务质量。长此以往，公共图书馆不可能促进该城市社会文化向好的、积极的方向发展，形成恶性循环。

公共图书馆是所有公共文化设施中具有保存人类文化结晶作用的场所，是文明的发祥地。一个国家或地区是否文明进步，可以通过公共图书馆及其服务体系建设情况的好坏来衡量。❶ 所以，我们也将公共图书馆称为人类文明中的中最高级别的文化设施。通常情况下，每个地区都应该拥有一座符合现代社会文化发展要求的公共图书馆。越是国际化的大城市，对与之配套的公共图书馆现代化规模和服务体系网络的要求越高。

我国近几年经济发展比较迅速的大城市，都提出了要建设文化大省的发展规划，其中公共图书馆发挥的作用越发重要。例如，公共图书馆具有保存文化遗产的功能，提供了建设文化大省所需的文化资源；公共图书馆具有发挥社会教育的功能，提高了人民群众的普遍素质水平；公共图书馆具有信息化中心枢纽的功能，强化了社会文化的渗透力、影响力和辐射力。另外，公共图书馆服务体系中的社区图书馆更是在文化大省的建设过程中下沉到了基层，对社会文化的培育、信息知识的传递起到了积极的促进作用。还有地方公共图书馆，也对本地区特色的地域文化的发展起到了推动作用。反之，公共图书馆服务体系的建立也得到了区域文化提供的丰富文献资源，区域文化便成了公共图书馆服务体系的独特优势。

由此可见，公共图书馆服务体系应该结合本地区的社会文化发展目标进行建设并开展服务。以上海为例，该城市 2020 年的社会文化建设目标是要建设成为文明的城市、学习型的社会、国际化的文化交流中心，并要走在发展社会主义先进文化的前列。上海重要的文化设施代表——上海市公共图书馆以十大文化建设任务为核心，进行了合理的规划，科学的布局，吸收社会各方面资金，建立了大量的社区公共图书馆，形成了在一定条件下自主运营的发展格局，并根据文化建设的任务开展图书阅览、信息传播的活动。公共图书馆服务体系应该以社会文化建设的目标为中心，成为社会文化建设的核心力量。❷

社会文化的形成与社会舆论有一定的密切关系，而人们的生活习惯和兴趣爱好的形成又受到社会舆论的影响。因此，公共图书馆服务体系为了发挥促进社会文化发展的作用，就必须通过一定的宣传影响公众的学习习惯，进而推动良性社会文化风尚的形成。公共图书馆要根据大众文化需求的特点开展有针对

❶ 李秀. 试论图书馆在文化建设中的作用 [J]. 哈尔滨市委党校学报，2000.

❷ 沈旺. 公共图书馆与社会主义新农村建设 [J]. 理论学习，2007.

性的文化娱乐活动和学习交流活动，让公共文化服务切实符合读者的需要。只有让公共图书馆服务体系时刻出现在全体社会公众身边，形成持久的、积极的社会风气，才能最终实现公共图书馆服务体系的社会价值。

### （四）技术因素

21 世纪，信息科学技术进入到公共图书馆事业中后，不仅改变了公共图书馆的硬件条件，还改变了服务手段、提高了服务质量。信息科学技术的应用丰富了公共图书馆的馆藏类型，不再只有单一的纸质印刷载体，还增加了图片文献、音频文献、视频文献等多种电子文献；信息科学技术的应用改变了馆藏结构和馆藏理念，不再是固定的静态馆藏，还可以及时地完善动态馆藏，补充网络信息资源；改变了公共图书馆的工作方式和流程，不仅通过计算机和互联网完成了采编、信息流通和咨询服务等工作，还可以拓展电子文献资源的开发和管理。在公共图书馆信息化管理的同时，公共图书馆服务的对象也因为信息科学技术的应用对公共图书馆服务体系提出了更高的要求。传统的图书馆借助现代信息科学技术发展成了复合图书馆和数字图书馆等形式。

公共图书馆服务体系借助现代信息科学技术进入发展的高速道路的同时，也在一定程度上制约了公共图书馆资源共建共享服务的开展。例如，电脑及其配件的技术更新换代太过频繁、产品质量参差不齐、网络传递信息的速度和能力比较弱、很多客户端应用系统对字符终端不支持、网络安全问题频发、不同图书馆信息技术发展不均衡等，让信息技术工作者时刻保持警惕的状态，尤其网络安全问题，更是公共图书馆服务体系使用信息管理系统的灾难。现代信息科学技术的应用，还在无形中对服务对象提出了信息素质的要求。因此，在建设公共图书馆服务体系的过程中，在提升本馆工作服务人员的同时，还要加强对服务对象的信息技术类培训。

只有这样，现代信息科学技术才能真正实现推动公共图书馆服务体系的发展。

### （五）服务对象因素

公共图书馆服务体系的建设就是通过向服务对象提供他们需要的信息知识

的途径来提高他们的文化素质。公共图书馆服务体系开展服务活动，实现提高服务对象的实际文化素质的最终目的。

首先，公共图书馆服务体系的建立与服务对象如何看待图书馆有必然的联系。在公共图书馆服务体系中，服务对象是否会利用现有服务的关键是其开展服务的目的是什么。如果服务对象为了具体地利用公共图书馆服务体系，则就自然采取相关的行为。目前，我国大多数公共图书馆的利用率不高，服务对象对其开展的文化服务没有任何的目的。在这样的情况下，政府自然会考虑对公共图书馆建设和管理方面的财政拨款是否需要减少，而缺乏足够资金支持的公共图书馆自然很难获得持续发展，也欠缺建立健全公共图书馆服务体系的能力和财力。由此可见，如何激发服务对象对公共图书馆及其开展的公共文化服务产生兴趣是一个关键性的问题，更是一个十分复杂的问题。目前，大多数的公共图书馆还本着"推销"的旧观念，力图通过宣传和促销等方式吸引公民的眼球。想要获得服务对象的青睐，公共图书馆应该秉承"以人为本"的服务理念，在积极宣传的基础上，扩宽公共文化服务的范围，增加文化服务的类型，创新文化服务的模式，将潜在的服务对象变成真正的服务对象。

其次，服务对象的职业情况对公共图书馆服务体系的利用也会产生直接的影响。古人云，"三百六十行，行行出状元"。不同职业的读者对公共图书馆服务体系建立提出的要求也存在极大的差别。正因如此，在图书馆事业发展的历程中，出现了高校图书馆、专业图书馆等。对于公共图书馆服务体系来说，从事科研教育行业的服务对象需要大量的、实时更新的文献资源和信息知识。相反，工人、农民等对信息的需求和利用要求比较低。面向全社会公众提供文化服务的公共图书馆必须要重视职业差异的影响力，在建设公共图书馆服务体系时，应重视服务对象对文献信息资源的要求，有针对性地开展文化服务。

再有，服务对象的信息素质也会影响他们对公共图书馆服务体系提出的不同要求。所谓的信息素质，就是利用信息资源的对象在明确信息需要的时机、寻找信息的途径、评价信息的方法和使用信息实现目标的能力等。简而言之，具备信息素养的人知道自己什么时间需要信息，知道自己需要哪一类的信息，也清楚在哪里能够找到这些信息，获得信息之后还能够有效地使用信息。对公共图书馆服务体系而言，信息素质兼具能力素质和基础素质的两个属性，具体包括信息意识、信息能力和信息道德。其中，服务对象在面对信息资源时，能够清楚地意识到自身所需信息的要求，并将这种需求正确地、清晰地、完全地表达的能力就是信息意识。

具有信息意识的服务对象，拥有特殊的感受能力，可以敏锐地洞察世事，保持良好的专注度，并表现出较强的价值判断敏锐力和洞察力。当服务对象需要处理信息资源时，是否能够及时发现所需的信息、正确地评价信息的价值、能够选择合适的方式使用该信息，并最后将信息分析的结果准确有效地传递给他人，就是信息能力，是服务对象具有的图书馆基本素养和礼仪表现、计算机操作素养、传媒技术素养、批判思维和沟通技能的综合。进入 21 世纪，信息量井喷式的发展，获取信息的方式越来越多，获取信息的成本越来越低。因此，服务对象的信息能力成为其享受公共图书馆服务的基本素养要求。服务对象在面对信息资源时，是否遵守道德规范就是信息品质。现在的社会，信息科学技术已经发展到了很高的水平，于是，新的犯罪也发生了——信息犯罪。知识产权的保护、个人隐私的泄漏和信息侵权等行为都是信息犯罪的行为。因此，在构建公共图书馆服务体系时，服务对象必须具备信息品质，遵守良好的信息伦理与道德，规范自身的信息行为。

服务对象所属的文化层次也会影响公共图书馆服务体系的建立，因为公共图书馆与服务对象之间始终表现出一种动态形式。这种不稳定的状态可能表现为和谐，也可以转化为不和谐的状态。基于心理学知识，服务对象对公共图书馆文献信息的态度呈现出正向和负向两种趋势，这两种截然相反的态度趋势说明了公共图书馆服务体系与服务对象的信息素养有着明显的关系。

公共图书馆服务体系提供的文化服务的稳定性和注意力是其优质服务的保障。公共图书馆服务体系可以明显提高公共图书馆的服务质量和水平，拓展公共文化服务的辐射范围，创新公共文化服务的手段。在现代公共图书馆服务体系中，向服务对象提供文献信息已经不是文化服务的全部，服务对象还必须具备接收信息和使用信息的能力。因此，在公共图书馆服务体系中，要开发培养和教育服务对象信息素养的文化服务活动。通过实施教育服务对象的途径，我们可以了解服务对象的基本情况和对信息文献的需求，还可以在与新服务对象建立起亲密联系时，有针对性地研究这些看似无关的信息。❶

---

❶ 束漫.影响城市公共图书馆服务的大环境因素［J］.图书馆论坛，2007.

### 三、影响公共图书馆服务体系建立的内部因素

#### （一）对服务质量管理的共同愿景

公共图书馆事业发展到了今天，公共图书馆服务体系的建立必须要以服务对象为质量核心。所有参与服务体系建立和开展文化服务活动的人员都要有能力共同合作，建立对服务质量管理的共同愿景。

所谓的"共同愿景"，并不是工作团队某一个时刻的想法，或一段时间内确定的发展方向，而应该是团队中所有参与活动中的人都共同保有的关于未来的意象，能够渗透到组织开展的所有活动中，能够创造出万众一心的感觉，具有感召团队成员的能力。一个具有现实意义的、为团队成员分享的"共同愿景"能够激发所有团队成员的工作热情和创造力。"共同愿景"的提出比较容易，但是能够切实地分享给团队所有成员，并要求大家高度投入是具有很大难度的。好的"共同愿景"必须是团队所有成员在主动、自愿的情况下接受的，进而才会促使他们发挥无限的创造力并投入到工作中。因此，在建立公共图书馆服务体系的过程中，公共图书馆的管理者和决策者要确定关于服务质量的明确规划，并开展一系列的活动促进工作人员主动参与和制定服务工作计划；面对服务对象的工作人员要能够明确服务对象的具体需求，积极思考为其服务的方法手段，并主动总结归纳服务经验，找到问题，提升服务质量。具有对服务质量有"共同愿景"的公共图书馆团队，才会积极主动参与服务体系的建设工作，才会积极主动为服务对象提供高质量、高效率的服务，进而提高公共图书馆的服务质量、创造了公共图书馆的服务效益。

#### （二）服务流程的交互

从营销管理的角度分析，"服务"不同于一般的实体产品，在其生产和经营活动中表现出无形性、差异性、同步性和易逝性等特点。所谓"无形性"，是指"服务"是通过一系列连贯的活动组成的"过程"，是没有实体的。即使在服务流程中出现了实体物品，也都是为了更好地实现服务流程而存在的，但这并不是消费者购买的重点。另外，"服务"的过程主要是由具体的服务人

员开展的系列行为组成的。服务人员是"服务"的生产者和加工者，消费者是"服务"的使用者，不同的服务人员创造的"服务"不尽相同，不同的消费者使用"服务"的体验也不尽相同，这就是服务的差异性。"服务"的同步性是从"生产"和"消费"的环节中分析的。不同于一般的实体物品都是生产之后摆上货架进行销售，"服务"往往是在"生产"之前就"卖"给消费者了。之后，服务人员"生产"公共图书馆服务体系后的易逝性是指无形的服务是不可能被储存的。"生产"和"消费"同步的过程就意味着"服务"最终消失了。

基于上文所述，在服务的流程中，消费者感受到的服务的质量是服务人员和服务对象相互影响的结果。因此，服务流程中交互性的好坏直接影响服务对象感知的服务质量的好坏。在这个服务流程中，服务人员与服务对象之间的"接触"成了服务质量的关键时刻。这个"服务接触"的范围，包括服务人员与服务对象的人际接触、服务对象与服务设备之间的人物接触以及其他有形物品的交互接触。

在公共图书馆服务体系的建立中，图书馆的服务人员既要与众多服务对象进行人际接触，也要通过互联网实现与服务对象的人物接触，他们的服务行为直接影响了服务对象感知到的服务质量，这就要求公共图书馆服务体系必须明确强烈的服务力量，要求所有参与服务的工作人员掌握出色熟练的服务技能，提供高质量的服务。除此之外，公共图书馆服务体系的建设还需强调公共图书馆拥有先进的硬件设施和软件设备，通过物理环境让服务对象感知到高质量的文化服务。

# 第三节　公共图书馆服务体系建立的现状

## 一、公共图书馆服务体系建立的基本情况

进入到 21 世纪，我国的经济建设和文化发展都取得了全世界瞩目的成绩，我国的图书馆事业也在改革开放后得到了长足的发展，其服务体系也逐渐

形成。截至 2020 年 11 月 30 日的数据可知，2019 年全国公共图书馆机构数为 3196 个，比 2018 年增加了 20 个，同比增长 0.63%。根据这一发展速度推算，到了 2023 年，我国公共图书馆机构数量有望增加到 3260 个。数量在不断增加的同时，我国公共图书馆的机构形式和服务内容方面也在不断创新，出现了社区图书馆、乡镇图书室等新的公共服务机构。随着信息科学技术的发展、互联网的推广和移动智能终端的普及，公共图书馆提供网络信息数据服务已是大势所趋。以国家图书馆为例，自 20 世纪 70 年代的中期就开始着手研究数据自动化，到了 20 世纪 90 年代末期，启动了大型计算机图书综合管理系统，开发并实践了图书馆自动化应用系统。到 2003 年年底，国家图书馆 ALEPH500 计算机综合管理系统已全面投入运行，实现了集采集、编目、查询、借阅于一体的图书管理系统。到目前为止，国家图书馆在自动化管理系统方面依然走在全国图书馆系统的前列。❶

这几年，在公共图书馆及其服务体的建设方面，政府明显表现出了重视，对现有公共图书机构加大了扶持力度。我国的公共图书馆服务体系主要包括"国家级—省级—市级—县级"四级的服务网络体系。国家级图书馆在整个服务体系占有核心地位，是总库，用以存储和保管国家信息、国家文献及重要的图书。作为国家最重要的文化信息中心，国家级图书馆负责协调各级图书馆的建设，并对其服务体系的建设产生了直接的影响。在整个服务网络体系中，随着城市建设的加速和所在地区的科教文化水平的不断提升，省级图书馆已经逐步建成了比较开放的、全面的公共图书馆服务体系框架。为了更好地保护文化知识，也为了更好地服务广大人民群众，以保障享有公平地、无偿地获取信息知识的权利，公共图书馆必须能够做好文化信息的保护工作。

时至今日，我国的公共图书馆经过了百年的发展，得到了政府财政的积极支持和有效政策的扶持，取得了伟大的成绩，不仅仅扩充了图书馆的规模，也逐渐形成了符合自身定位的专业特色。随着社会发展的加速和城市化进程的推进，公共图书馆正视时代的发展潮流，加速图书馆事业发展的步伐，逐渐形成了新的经济形势下的服务体系。

---

❶ 希雨莲 . 公共文化服务体系下图书馆服务创新的设想［J］. 数字与缩微影像，2019.

## 二、公共图书馆服务体系建立过程中存在的问题

### （一）公共图书馆服务体系结构缺乏合理性

就目前我国已经建成的各级公共图书馆的基本情况和相应的服务体系，以上下结构层面为划分标准，主要包括三个层级的公共图书馆结构：底层、中层与顶层。不论是建设规模、建馆数量、服务质量以及区域划分，公共图书馆都表现出了缺乏合理性的明显问题。这样的现象在偏远偏僻的地区更加明显，图书馆发展速度缓慢、实力较弱。在我国公共图书馆服务体系建立的过程中，不同层次的公共图书馆之间的协调发展性较差，结构不合理的状况表现较为明显，越是底层的公共图书馆发展越薄弱。

从公共图书馆的服务对象看，公共图书馆服务对象的年龄层次存在差异，主要分为成人公共图书馆和少儿公共图书馆。根据图书馆类型结构的特点，成人公共图书馆受到了明显的重视，建设和服务水平都高于少儿公共图书馆。在少儿公共图书馆的实际建设中，其服务质量间接受到了成人公共图书馆的影响，服务体系设计的随意性表现得非常明显。

因公共图书馆的服务对象层次的差异，我国的公共图书馆主要分为研究型与大众型。这两类公共图书馆在建设过程中，开展的文化服务目前仍然没有达到服务对象的实际需求的要求，没有达到合理的水平。因此，最终出现了大多数公共图书馆的服务设计与服务对象的实际需求不符的局面。

从公共图书馆的形态结构看，因为公共图书馆的资金来源存在差异，其具体的服务模式也存在一定程度的差异。一般情况下，完全由政府拨款的公共图书馆主要提供纯粹的公共文化服务；国家和社会共同投资的公共图书馆主要提供标准的公共文化服务；个人投资的公共图书馆主要提供私人化公共文化服务。❶其中，国家和社会共同投资的公共图书馆、个人投资的公共图书馆所占的比例相对比较小，最终导致了不同服务模式之间缺乏合理性。

---

❶ 王健．公共图书馆服务体系建设的现状与对策［J］．办公室业务，2019.

### （二）公共图书馆服务体系布局明显失衡

我国幅员辽阔，地大物博，从整体经济发展空间的布局看，中部和东部地区的经济比西部地区的经济要明显发达。较发达地区的拥有数量更多、质量更高的公共图书馆。在我国西部一些欠发达地区，公共图书馆的建设长时间以来都没有得到较好的建设，即便是小范围内的公共图书馆，也没有实现空间布局的均衡。很多地区的公共图书馆的数量和服务质量无法适应本区域的人口数量和公共文化服务要求。公共图书馆的建立发展主要是依赖政府的支持。如果建设资金出现了问题，公共图书馆的软件和硬件的建设就会遇到困难，设备不齐全和图书采购不足等都是阻碍。另外，公共图书馆多为公益性的事业机构，原本就缺少创收的服务项目和实体业务，一旦资金缺乏，建立公共图书馆服务体系的事业将会举步维艰。

同时，从城乡布局角度分析，公共图书馆的建设重点仍然放在城市上，导致城乡公共图书馆之间的差距正在逐步拉大。例如，在乡村地区的公共图书馆，服务体系的建立和实施都依赖于中央的财政拨款。如果缺乏相应的资金和基础设施，会出现建筑面积不足、设施设备老化、馆藏文献资源总量不足、文献资源不能及时更新等问题，这会对公共图书馆提供公共文化服务质量和水平产生严重的影响，也使其发挥的功能和服务效果大打折扣。

最后，我国当前公共图书馆的网点布局也存在失衡的情况，主要体现在缺失人口网点流动的问题。正因为在公共图书馆建设的过程中，人口流动点、社会人口居住特点和特殊人群服务网点的设计布局，为公共图书馆的服务覆盖面制造了盲区，进而影响了公共图书馆服务功能的发挥效果。

### （三）公共图书馆服务体系的建立上存在体制性障碍

我国的公共图书馆应根据图书馆的核心价值和专业职能来开展专业服务。但是，在我国公共图书馆三个层级的结构中，越是层次低的公共图书馆，其主管机构组织建立和运作的过程中越是表现出一种随意性，它们往往根据传统的行政体制规划和功能提供公共文化服务。在县乡镇的图书馆服务体系建立中，这一问题尤为突出。公共图书馆缺乏独立性，应有的服务职能都会附加在其他行政职能中。出现这一现象，往往是因为构建公共图书馆服务体系时受到了体制性障碍的影响。因此，建设整体化的公共图书馆服务体系势在必行。

### （四）公共图书馆服务体系的协作沟通机制缺乏完善性

在我国公共图书馆结构中的低层公共图书馆应本着图书馆的核心价值开展公共文化服务，并逐级向下延伸，在更低层次的区域内建立地区性图书馆或者分馆。但是，在实际的工作中，更低层级的公共图书馆多数按照行政命令独立开展公共文化服务，缺乏同级别的沟通交流，各自为政，不利于整个区域内的公共文化服务事业的协调发展和整体提升。不同的低层公共图书馆建立服务体系时，因为不同区域的实际情况存在差异，所需的资源支持也不尽相同，因此，实际上提供的公共文化服务质量和效果也存在很大的差异。鉴于不同公共图书馆之间缺乏必要的沟通和协作，因此，很难在资源配置方面做到科学合理，无法真正地达到完善基层公共图书馆服务体系的目的。

### （五）公共图书馆服务体系表现出的服务意识淡薄

因为公共图书馆是财政支持的公益性事业单位，所以在经营服务的流程中并没有经济方面的压力。在我国不少公共图书馆建立服务体系时，往往受到了自身官员服务意识淡薄、缺乏市场机制意识的影响而无法发挥公共服务观的职能作用。尤其是在 20 世纪，关于公共图书馆的法律法规缺失，对公共图书馆建设的硬性要求和政府的经费投入保障都没有明确的说明，导致在公共图书馆的业务成绩和服务质量方面的考核也没有具体涉及投入产出比的问题。

另外，公共图书馆服务体系的服务意识淡薄也受到"图书馆馆藏是主要的服务"这一传统理念的影响，导致我国整体的公共图书馆服务体系建立进度缓慢。进入到 21 世纪，随着社会进步和经济发展，我国国民的整体文化水平也显著提高。在市场经济理念的影响下，公共图书馆在发展过程中也逐渐意识到"顾客至上"的道理。因此，"读者"对于公共图书馆服务体系的重要性就凸显了，"读者用户才是服务发展的关键"的服务意识被越来越多的公共图书馆领域研究人员和社会各界认可并支持。当然，在实际的服务流程中，我们还是看到了很多公共图书馆并没有切实地落实这一观念，仅仅将其作为工作口号而已，尤其是基层公共图书馆服务体系，建立工作推进缓慢，馆内资源的开发和建设依然是公共图书馆工作的重头戏。服务意识淡薄、服务理念不更新，必然会影响公共图书馆服务体系的建设，进而导致大量读者流失。

### （六）公共图书馆服务体系缺乏需求反馈机制

在不同的地区、城乡和行业之间，接受公共文化服务的对象存在一定的差异，人民群众的文化需求和文化服务偏好等也一定各有特点。例如，不同职业或者不同文化水平的读者在图书的阅读、信息知识的接收和网络信息资源的利用等方面的表现就会展现明显的个性化趋势。鉴于此，在西方发达国家的公共图书馆服务体系的建设过程中，特别强调尊重读者群体对文化服务的差异化需求，并相应地提出了系列针对性的公共文化服务。通过多年的实践研究，建立科学性和合理化的服务对象需求反馈机制，不仅能够迅速地了解读者对公共文化服务需求的变化，还有利于馆藏图书和信息资源库的建立和完善，更可以有效地将服务对象引入到公共图书馆服务体系的建设和管理运营中，最终实现提高服务质量和监督服务流程的目的。

基于上述理由，我国公共图书馆服务体系的建立就有必要在各层次的公共图书馆提供公共文化服务时重视服务对象的需求，并建立科学合理的需求反馈机制。公共图书馆要积极地采取各种手段和不同平台了解服务对象对图书馆提供的文化服务提出的要求和诉求，从而提高公共文化服务的质量和水平，并完善公共图书馆服务体系的建立。但是，在实际的工作中，不难发现，在我国不同地区的公共图书馆服务体系建立过程中，还是存在一些公共图书馆没有正确认识服务对象的重要性，也没有积极采取服务对象的需求信息的收集和整理工作的现象。在公共图书馆开展具体服务业务的过程中，大多是单纯地以国家公共图书馆建设标准为指导，仅仅强调馆藏图书的采购和馆舍建筑的建设，一味地追求馆藏量的增加和建筑面积的增大，却没有重视服务对象的公共文化需求，也不建立系统的科学的需求反馈机制。这种重视硬件规模而轻视文化服务内涵、重视机构管理而轻视文化服务的公共文化服务理念严重影响了各个层级的公共图书馆的职能发挥，甚至还导致本来就已经十分紧张的建设资金没有获得良好的使用效益。例如，在某地地区对口农村帮扶工作的活动里，往往会将图书馆文化服务建设纳入其工作内容中。具体的帮扶方式没有考虑到农村被帮扶对象的具体需求，直接将本部门淘汰的计算机或图书直接捐助到对口帮扶单位，建立了并没有发挥帮扶作用和效果的图书站或阅读角等。而根据农村实际需求建立了相应的文化站、农村书屋、农村文化室及共享基层服务点等，却没有利用科学发展观的理论进行系统规划，其具体的位置、图书的种类和数量等往往只能解决眼前的问题。

### （七）公共图书馆服务体系信息化水平仍有待提高

从引入计算机到图书馆管理工作，时至今日，智能化网络和信息化管理对公共图书馆的建立和运营已经起到了积极的促进作用。但是，在我国大多数城市的公共图书馆中，基础的设置、服务管理和信息处理等方面的建设条件仍然无法满足社会信息化发展的需求和态势。特别是广大的农村机构，不仅缺少一些乡村文化站，更是没有符合现代化社会需求的设施、服务项目和信息处理平台等。

2012年以来，为提高公共图书馆的服务质量，我国像上海、山东、四川等经济发达城市的公共图书馆建设采用了总分馆模式，其服务体系则多采用区域性服务机制。这些总分馆模式的公共图书馆选择了统一管理图书采购、仓储运输和信息资源建设等业务。但是实际上，这种统一管理模式并没有达到理想的效果，尤其是在通用、还是通借或者通还方面因为信息管理系统无法兼容而无法实现，公共图书馆服务体系的信息化管理范围仍然只能在系统内的图书馆使用，这说明公共图书馆服务体系信息化水平仍有待提高。

总的来说，我国公共图书馆在实现基本的信息化管理之后，馆际之间和系统之间的信息资源共享还是存在技术性的障碍。相对而言，在县级以下或偏远地区的公共图书馆的文化服务体系中的信息管理和运营还是十分滞后的，甚至存在缺失、空白的情况。由此可见，信息技术落后和信息技术装备严重不足，是我国很多公共图书馆服务体系建立中面临的一个重要难题和问题，迫切需要政府及相关管理单位和社会各界破解。

### （八）公共图书馆服务体系人力资源水平参差不齐

长久以来，我国在公共图书馆管理标准中并没有明确地指出入职人员的具体要求，更没有充分的在岗培训系统和继续教育力度。尽管随着公共图书馆总体数量的增加，公共图书馆工作人员数量逐年增加，但是其服务体系人力资源的水平却参差不齐，具体表现为工作积极性不高、为读者服务不全面不到位、专业素养较低等。于是，很多公共图书馆不得不雇佣编制外人员、临时工、公益性岗位的志愿者等人员以此保持公共图书馆的日常开放性服务，这类工作人员的工作能力有限，收入水平一般，对待工作也缺乏热情，更不愿意投入精力来钻研专业，提高业务水平，也经常发生跳槽的情况。随着社会的进步和时代的发展，我国公共图书馆面临着转型发展的挑战压力，对人力资源水平的要求也越来越高。公共图书馆服务体系人力资源水平参差不齐的情况，不利于公共图书馆的战略发展，导致服务效能低下，严重影响了公共文化服务质量，也不利于公共图书馆树立公益性服务单位的形象。

### （九）公共图书馆服务体系的网络设施不健全

在我国，公共图书馆的总分馆体制和建立服务体系都已经实施了很多年，但受到行政体制的限制和影响，我国公共图书馆服务体系的网络设施还没有达到理想的建设状态，首先表现在公共图书馆的总体数量和具体网络分布并没有达到本区域社会公众文化服务的需求，尤其是在市级或县级公共图书馆服务体系建立中，甚至一些偏远地区的图书馆还处在没有固定场所的状态，这是因为我国公共图书馆的总分馆服务体系目前仍有待健全和进一步完善。例如，由于不同区域或不同层级的公共图书馆之间信息沟通不及时，往往出现各自为政，采购馆藏图书或数字资源的重复性较高，总馆对分馆的专业指导有限，提供的文化服务也缺乏统一的标准。现实中，很多县级以下的文化站的实际应用性并不强。最后，公共图书馆服务体系的流动服务和数字服务的覆盖范围有限，基本多为形式化或没有实现的实际条件。因此，公共图书馆的公共文化服务的二元化现象仍然非常严重。

### （十）公共图书馆服务体系的建设研究进展缓慢

在公共图书馆早期的建设和服务流程中，人们依然选择纸质图书和纸质资源作为首要媒介来传递信息知识。随着时代的发展和科学技术的进步，在公共图书馆服务体系的建立过程中，人工智能技术和大数据科学技术的应用使信息流得到了广泛的应用，公共图书馆的服务已经不单纯是处理日常的图书借还工作和守点提供咨询，因此，公共图书馆服务体系为了满足服务对象的信息资源需求，必须要结合时代发展的要求和技术创新的情况，尝试最新的服务方式。因为公共图书馆服务体系的建立影响我国文化服务发展的情况和水平，所以公共图书馆更应该重视这一个问题。但是，目前公共图书馆服务体系的建设研究主要放在了"大数据""数字资源""特色数据库""移动图书馆"等方面。而在各大服务行业应用十分广泛的"智慧图书馆""人工智能""虚拟现实技术"等却还没有在公共图书馆服务体系建立的实际中得到应用，这充分说明了我国公共图书馆服务体系的建设研究还没有深入地与最新科技，如人工智能、区块链、AR 等产生结合，特别是在发展创新方面还有很大空间。

# 第八章 我国公共图书馆服务体系建设的成果分析

## 第一节 公共图书馆服务体系构建的成果

近年来，受到我国经济社会稳定发展、社会大众物质生活水平不断提高的影响，党的十九大报告明确提出新时代社会的主要矛盾出现了变化，人民群众日益增长的精神文化需求受到广泛关注，如何促进公共文化服务事业的发展，为社会大众提供高质量的文化服务，成为新时代背景下公共图书馆服务体系建设发展实践中需要重点关注的问题。受此影响，我国各地区全面加强对公共图书馆服务体系建设的重视，并在建设发展实践中进行了多元化的探索，特别是北京、上海、苏州、深圳等地区，在公共图书馆服务体系建设方面引入创新思想、构建新的发展模式，改进公共文化服务体系的运作模式，在引入总分馆制模式的基础上，还结合各地区的特色进行创新，形成了多元发展的区域性图书馆服务体系，保障均等化服务的实施，现阶段已经基本上形成了较为成熟的公共图书馆服务体系，为我国公共文化事业的建设发展夯实了基础。

综合分析，我国新时代背景下科学技术、经济文化的发展水平和状态及我国各地区在公共图书馆服务体系建设方面的实践探索，能看出我国经济较为发达地区和经济欠发达地区在公共图书馆服务体系建设方面探寻了差异化的发展道路，现阶段已经取得了差异化的发展成果。

## 一、经济较为发达地区公共图书馆服务体系的建设成果

以北京地区、长三角地区、珠三角地区公共图书馆的建设成果为例进行分析，能看出在经济发展较为迅速的情况下，公共文化事业的发展获得了良好的发展土壤和发展契机，形成了显著的建设发展成效，综合建设工作的开展也表现出时代水平。在经济较为发达地区我国公共图书馆服务体系建设现阶段取得的成果和形成的具有代表性发展模式主要有：

### 1. 北京市开发公共图书馆计算机网络信息服务模式

北京市始终加强对公共图书馆服务体系建设工作的重视，并在信息时代背景下有意识地探索信息化服务模式的构建，在前期工作中重点开发计算机信息化服务网络模式，在践行总分馆制管理思想的情况下，公共图书馆服务工作的开展能为本地区群众及远程群众提供四级联合的服务，扩大服务的范围，增强服务工作的综合影响力。现阶段，在不断探索信息化服务创新的过程中，北京市公共图书馆已经逐步实现了全市范围内各级图书馆的联合检索和资源共享，也支持开展一卡通服务，服务工作的综合影响力显著提升，在一定程度上实现了对北京市公共图书馆服务网络环境的系统净化，使图书馆信息化服务和管理水平不断提升。现阶段，随着时代的发展和信息技术的多元化应用，北京市公共图书馆在对服务体系进行改进的过程中，开始积极探索大数据技术、数字化技术、云计算技术、云存储技术等的综合应用，还对资源共享技术进行开发，使北京市公共图书馆服务水平明显提高，进一步拓展综合服务的范围和服务影响力，优化综合服务的效果。

### 2. 东莞市总分馆制模式的构建

东莞市在对公共图书馆服务体系进行建设和创新的过程中，针对全新服务模式的构建和服务系统的开发进行了相应的探索和实践，形成了新的发展模式，为公共图书馆综合服务体系的建设提供良好的支持。结合东莞市公共图书馆服务体系建设情况进行分析，能看出图书馆整合时代发展背景，将技术创新作为重要的方向，将政策的落实作为基础、将管理效益的提升作为改革的方向、将服务的创新发展作为服务体系建构的核心，对总分馆制的实施进行了系

统的研究，积极推进图书馆事业管理体系的构建，力求能形成多层次的图书馆管理和服务系统，对图书馆管理方面涉及的资源进行系统的整合和共享，在强化东莞市中心馆建设效能的同时，也有意识地对街区图书馆、农村书屋和流动图书馆进行建设和开发，打造公共图书馆服务工作的共享工程和资源的整合应用体系，逐步提升公共图书馆的建设实效，为新时代其他公共图书馆服务模式的开发和技术体系的创新提供有价值的参考。

### 3. 嘉兴城乡一体服务体系

嘉兴市在公共图书馆服务体系的建设实践中，结合政府的领导和新时代公共文化服务工作的建设发展需求，对服务体系的创新进行了探索，尝试从市级、县级图书馆的建设入手，促进城乡一体化公共图书馆服务体系的构建，使图书馆乡镇分馆建设工作的开展能融入嘉兴市民生工程中，支撑图书馆服务工作的全面创新。在实际工作中，嘉兴市图书馆作为建设总馆，县级图书馆和区级图书馆作为一级分馆，乡镇图书馆及街道、社区图书馆作为二级、三级分馆，在图书馆服务体系建设实践中形成了联动效应，为新服务模式的构建提供了相应的支持。在制订图书馆管理规划的过程中，嘉兴市图书馆重视城乡一体服务体系的构建，有意识地突出嘉兴总馆对资源的采购、加工和配送负责，并对分馆资源进行定期的调整和实施自动化的管理，保障资源的采供、加工、配送等能为图书馆服务工作的开展提供支持，彰显城乡一体化图书馆建设的优势，切实凸显建设工作的稳定性和长效性，优化综合建设效能。

可见，在经济相对较为发达的地区，我国公共图书馆服务体系的建设已经取得了阶段性的成果，各地区公共文化服务部门及公共图书馆的组织管理团队，能结合本地区的实际情况探索个性化、针对化和系统性管理体系的构建，极大提升了公共图书馆服务体系的建设效果，也使服务工作的地域性特征更加鲜明，为各地区公共文化服务事业的建设发展创造了有利条件。

## 二、经济欠发达地区公共图书馆服务体系建设成果

我国经济发展水平较高的地区结合实际需求和建设需要进行探索，现阶段已经取得了阶段性的成果，极大地促进了综合管理水平和服务水平的全面提

升，而中西部经济发展相对较为落后的地区也充分认识到公共文化事业建设发展的重要性，对公共图书馆服务体系的创新开发进行了相应的实践探索，对实践分析结果进行整合应用，现阶段已经初步取得了相应的建设和发展成效，乡镇公共图书馆的建设条件和服务水平得到了极大改善，农村书屋、基层服务点、流动图书馆的建设也相对较为广泛，对我国公共文化服务建设工作的开展产生了积极影响。如贵州省平坝县在探索公共图书馆服务体系建设的过程中，就重点设计了10个图书文献资源共享工程流动服务点，并开发了34个农家书屋，制订农家书屋管理制度和办法，对农家书屋资源实施统一的管理和规划，极大地推动了专业化管理模式的构建。同时，在经济落后地区的基层公共图书馆服务开发中，图书馆有意识地对人本服务、阵地服务进行探索，还引入拓展服务平台的思想，使服务窗口不断地向外部延伸，形成了较为完善的服务系统和服务模式，显著提高了综合服务效能，为经济发展较为落后地区阅读推广工作的开展及群众整体素质的提升奠定了基础，也极大地推动了中国特色社会主义群众文化服务体系的系统构建和全面开发。

# 第二节　影响公共图书馆服务体系构建状况的因素

新时代背景下，随着我国全面重视公共图书馆服务体系建设，在现代公共图书馆建设的发展实践中，已经针对服务体系的构建和实施进行了多元化的探索，也取得了显著的成果，图书馆的综合服务能力和公共文化建设能力明显提升。但在实际工作中，也必须深刻认识到由于我国关于公共图书馆服务体系建设和研究的时间相对较晚，还存在一定的局限性因素，严重影响了公共图书馆服务体系的构建和实施。

## 一、经费和场馆因素

当前我国基层地区在推进公共图书馆服务体系建设的过程中，存在较为明显的建设经费缺乏的问题，一般地方政府现阶段尚未将公共图书馆的建设资金纳入政府预算服务体系中，也没有针对公共图书馆服务体系的构建安排专项资金，再加上部分地区公共图书馆服务体系建设方面对社会力量的整合不够，导致经费缺乏的问题较为明显，图书馆服务工作的开展无法获得充足的经费支持，对建设工作的持续推进和稳定发展造成冲击。同时，对公共图书馆服务建设的场馆配置情况进行分析，现阶段部分地区尚未构建专业的公共图书馆场馆，特别是在基层农村地区、偏远乡村地区，公共图书馆场馆设施严重缺乏的问题较为严重，无法有效保障公共图书馆服务工作的开展向经济欠发达地区全面覆盖和系统延伸，导致公共文化服务事业的发展存在明显的局限性，可见对于公共图书馆服务体系的建设而言，经费不足和场馆制约是较为重要的影响因素，现阶段已经严重束缚公共图书馆服务体系的系统构建和科学发展。

## 二、服务内容因素

对于公共图书馆服务体系建设而言，服务内容的筛选是提高服务质量较为重要的方法和手段，只有结合时代发展需求，根据地区特色，合理化地对公共图书馆的服务内容进行筛选，才能真正做到服务内容与读者需求有效对接，切实增强综合服务工作的综合影响力。但在研究中针对我国基层公共图书馆服务体系的建设情况进行分析，发现受到资源限制、体系制约的影响，公共图书馆筛选服务内容的过程出现了服务内容不够丰富的情况，部分图书馆对服务内容的筛选仍然按照传统框架确定筛选的标准方向，导致服务内容方面对信息化服务、数字化服务、个性化服务、精准化服务的探索严重不足，并在实际开展公共图书馆服务工作的过程中，难以结合时代背景的变化对服务工作的开展进行调整和创新，也导致服务工作陷入发展困境，甚至对公共图书馆服务体系的构建产生严重的冲击。从这一点看，服务内容的影响在公共图书馆服务体系建设方面相对较为明显，要想改善当前公共图书馆服务内容筛选不足的问题，就需要借鉴公共图书馆服务体系建设的成功经验，制订合理化的筛选方案，切实展现公共图书馆服务内容的优势。

### 三、服务能力因素

对于公共图书馆服务体系的建设而言，服务能力的好坏会对服务工作的开展产生直接的影响，只有较强的服务能力，才能在开展服务工作的过程中对读者群体的需求进行准确的定位，并制订合理化的服务方案，为读者群体提供个性化、人性化的服务。但综合分析我国公共图书馆服务体系的建设和发展情况，发现在乡镇公共图书馆现阶段建设实践中，服务能力偏低的问题明显，无法保障公共图书馆服务体系的建设成效。具体分析，当前我国经济水平落后地区在开展公共图书馆服务体系建设的过程中，无法构建完善的资源服务体系，也难以开发信息化服务和数字化服务，图书馆管理和服务队伍成员素质不足的问题较为严重，现有成员难以从服务数字化和服务特色化的角度对设计和开发服务模式，导致服务能力弱化的问题较为鲜明，难以按照读者群体需求的变化及时调整和创新服务工作的开展，也会降低公共图书馆服务工作的效果，不利于彰显服务体系的建设价值，甚至对公共图书馆综合管理服务工作的开展造成了严重的冲击。

### 四、服务技术因素

服务技术的开发是构建信息化、数字化公共图书馆服务体系的基础性工作，只有在服务体系的建设发展实践中，不断探索信息技术的应用和新模式的构建，才能真正展现技术优势，切实增强公共图书馆服务工作的建设发展成效。整合当前我国公共图书馆服务体系的建设情况，不难发现经济发展状态和文化发展状态较好的地区虽然已经针对公共图书馆服务技术的创新进行了多元化的探索，还开发出了不同版本的发展规划体系，但在经济发展水平偏低的基层农村地区，公共图书馆服务技术的创新还有所不足，部分区县图书馆对服务技术的认识不到位，难以对信息技术的应用、数字技术的开发产生深入的理解，甚至出现了对云计算技术、人工智能技术等应用障碍方面的问题，对公共图书馆综合服务效能的彰显产生严重冲击，不利于我国公共图书馆事业在新时代背景下实现创新发展和科学构建的目标。

### 五、政策法规因素

公共图书馆服务体系的构建需要外部管理工作的开展作为支撑，在新时代背景下想要充分展现公共图书馆服务的建设优势，就要结合时代背景对公共图书馆管理方面的对政策法规进行调整，为服务的创新创造良好的外部条件。但在当前我国各地区积极探索公共图书馆服务体系建设工作的过程中，一般仅仅是有意识地践行公共图书馆管理和服务方面的政策法律，尚未针对各地区实际情况对图书馆政策法规管理体系进行完善，难以按照政策的引导促进各项服务工作的创新，也无法发挥法律保障作用提高服务工作的综合效果，而在政策法规不够完善的情况下，公共图书馆服务体系的构建会出现偏差问题，造成综合服务工作的开发效能偏低。从这一点能看出，在公共图书馆服务体系的建设实践中，政策法规因素也是影响建设效果的重要因素。政策法规的不完善会导致建设工作的开展出现秩序混乱和规范不足的问题，不利于公共图书馆服务体系的长远发展和持续推进。

## 第三节　制约我国公共图书馆服务体系构建的瓶颈

在我国对公共图书馆服务体系进行全面建设和创新的过程中，取得了显著的成果，也遭遇了发展瓶颈，具体分析当前制约我国公共图书馆服务体系建设的瓶颈，发现问题主要有五个方面。

### 一、政府主导作用的发挥受到限制

按照公共图书馆文化服务相关理念的指导，公共图书馆服务体系的构建要想产生良好的发展效能，形成巨大的影响力，较为重要的一点是要发挥政府的主导作用，在政府的组织规划下对各项管理服务进行全面创新，提高服务效果。但结合当前公共图书馆服务体系的建设情况看，政府主导作用的发挥受到了极大的限制，导致公共图书馆服务体系的建设受到冲击。具体分析，虽然当前受到全面促进中国特色文化服务体系建设的影响，政府部门已经针对各级公共图书馆建设工作的开展进行了研究，也在推动服务创新工作方面进行了相应的实践探索，但是部分地区服务体系的建设仍然存在政府参与力量不足的问题，政府难以从地方经济文化事业发展、地方社会综合建设规划的角度对公共图书馆服务体系的建设进行探究，也没有充足的资金支持各项建设工作的落实，导致政府主导作用受到限制，降低公共图书馆服务体系建设效能。

## 二、多元文化服务形成冲击作用

随着时代的发展和我国经济文化事业的全面推进，新时代背景下受众群体对综合文化服务的需求呈现出多元化和创新化的发展态势，这就对公共图书馆服务工作的开展提出了新要求，使公共图书馆构建服务体系需要综合分析多元化服务需求的满足和特色服务活动的设计，极大增加了公共图书馆服务工作的难度，对公共图书馆服务工作的改进和创新产生一定的冲击。具体分析，在信息时代背景下，数字阅读、电子阅读及碎片化阅读成为主流，这就要求地区公共图书馆在对服务体系进行建设和开发的过程中，不仅要对现有服务模式进行创新，还要注意结合信息技术的应用，将服务的触角向读者群体的生活延伸，重点对信息化服务、数字化服务、智能化服务进行开发，提高服务效果，这就造成在部分公共图书馆服务技术水平偏低的情况下，无法按照读者需求对数字化、智能化服务等进行设计和实施，限制了图书馆服务工作的开展，也降低服务满意度，不利于公共图书馆服务工作的长效化发展。

## 三、服务业务的开发吸引力不足

公共图书馆服务业务的开发和设计主要是希望能吸引读者的注意力，使读者养成主动阅读的意识和习惯，从而增强图书馆文献资源和信息资源的综合利用率。但综合分析新时代背景下公共图书馆服务体系的建设发展情况，发现存在明显的服务业务专业性不足、综合水平偏低的问题，难以在实际开展阅读推广服务、资源供给服务的过程中得到读者群体的支持和认可，导致服务工作开展的效果不理想。结合当前公共图书馆服务工作的建设和发展情况进行分析，在数字化服务体系建设的背景下，部分地区图书馆服务业务的开发仍然停留在实体图书馆管理和服务工作中，尚未制订微信平台的自动信息推送服务、资源供给服务，导致公共图书馆服务体系的构建和效能的发挥受到限制，各项工作的开展无法产生对读者群体的吸引力，甚至可以说公共图书馆服务体系的建设流于形式，对新时代背景下我国图书馆综合建设事业的发展产生不良影响。

## 四、服务理念的创新力度不足

对于公共图书馆服务体系的建设而言，先进的管理和服务理念能对服务工作的开展形成积极的引领作用，切实提高综合服务工作的发展成效。但结合新时代背景下我国公共图书馆事业的发展情况，能看出当前服务理念的创新还有所不足，部分基层图书馆没有结合新图书馆管理思想的应用和管理模式的创新进行分析，导致新图书馆服务工作的开展存在局限性，对公共图书馆服务体系的构建和实施造成严重的冲击。具体分析，部分图书馆仍然坚持独立发展的思想，对图书文献资源的整合力度严重不足，造成公共图书馆现阶段管理服务工作的开展无法促进均衡化服务、人性化服务和精细化服务思想的落实，也难以提供智能化服务，甚至会出现公共图书馆服务的开展与读者需求无法有效对接的情况，服务创新不足的问题也较为严重，无法彰显公共图书馆的服务特色，使公共图书馆服务工作的开展产生巨大的不良影响。从这一点可以发现，在当前我国公共图书馆服务体系的建设实践中，还存在着较为明显的服务理念创新不足的问题，服务工作的开展存在一定的局限性，制约服务体系的常态化建设和长效化发展，不利于公共图书馆文化服务事业的长远稳定发展。

### 五、服务队伍素质弱化问题明显

在新时代背景下，随着我国公共图书馆文化服务建设事业的发展，各地区在探索公共图书馆服务体系建设的过程中，尝试组建专门的服务管理部门，针对服务工作的开展进行系统的探究。但在持续推进公共图书馆服务创新的过程中，服务队伍建设效果不理想的问题较为明显，不利于完善服务体系的构建，也对公共图书馆服务品牌形象的树立产生了不良影响。具体分析，在信息时代背景下，公共图书馆服务体系的建设对服务人员的信息素养、数字意识、职业素养等提出了新要求，只有具备公共图书馆服务专业知识和较高信息素养、数字意识、职业素养的人才，才能持续推进服务工作的开展，这就造成原有图书馆服务体系建设队伍无法与新时代的发展背景相适应，部分公共图书馆服务工作从业人员尚未转变传统的发展理念和发展思路，导致服务工作的开展受到冲击，甚至可以说，公共图书馆服务队伍素质不足已经对公共图书馆服务工作的创新推进产生了一定的不良影响。可见，在公共图书馆服务体系建设方面，图书馆管理者和服务者的素质也会对服务工作的开展产生不良影响，甚至会降低服务有效性，不利于科学推进服务工作。

## 第四节　适应普遍均等服务的公共图书馆建设体制调整

基于普遍均等服务理念的践行促进公共图书馆建设体制的调整和优化，能提高普遍均等化服务对图书馆文化服务建设工作开展产生的积极影响作用，推动公共图书馆不断建设并完善自身服务模式，促进综合服务水平的全面提升。

## 一、公共图书馆政策法规体系的建设

公共图书馆政策法规体系的全面建设和逐步完善对图书馆建设工作的开展起到导向作用，有助于地方政府部门更好地组织和规划公共图书馆建设和发展情况，在较为清晰政策体系的作用下确保图书馆建设工作的开展能践行普遍均等服务的发展理念，从而提高公共图书馆的建设效果和服务运作效果。因此，在公共图书馆建设发展实践中，要注意结合普遍均等服务理念，有意识地调整和优化对公共图书馆政策法规体系，为公共图书馆建设、管理和服务运维提供相应的保障。例如，北京市为了践行普遍均等服务的思想，对政策法规体系的建设进行了探索，出台了北京市图书馆管理条例和相关法律规定，在一定程度上突破行业立法的束缚，为北京市公共图书馆建设、管理和服务工作的开展提供了相应的法律保障和政策支持。从这一点看，结合普遍均等服务理念的影响，在推进公共图书馆服务体系建设的过程中，国家应该有意识地结合各地区的情况，鼓励地方政府和立法部门尽快通过国家立法和地方立法，为公共图书馆建设工作的开展提供法律支持，从根本上规范和引导公共图书馆的建设理念和发展模式，逐步实现对图书馆服务模式建设的有机协调。

## 二、公共图书馆资源保障体系的建设

公共图书馆普遍均等服务的开展需要丰富的资源作为支撑，只有结合实际情况积极探索资源保障体系的构建，实现对公共图书馆服务资源的全面整合，才能发挥资源保障的作用，提升公共图书馆建设发展的整体效果。鉴于此，在新时代背景下，为了能有效践行普遍均等的服务思想，在网络信息技术的支撑下，公共图书馆在建设发展实践中要注意完善资源供给体系，争取能在政府的主导下设计和开发资源保障系统，维护公共图书馆资源的有效供给，并结合总分馆体系的构建实现对资源的高效化利用，带动公共图书馆服务体系的建设呈现出新的发展状态，从而形成完善的资源保障模式，为公共图书馆服务工作的可持续发展和常态化发展夯实资源保障基础，有效推动服务效能显著提升。

### 三、公共图书馆价值评估系统的建设

普遍均等服务理念在图书馆领域的系统践行需要价值评估作为支撑，只有在积极推进公共图书馆建设的过程中，定期对公共图书馆的建设价值进行评估，才能及时发现公共图书馆服务方面存在的问题，从而对服务工作进行不断的调整和优化，切实提升服务工作的发展水平。在实际工作中，结合公共图书馆服务体系的建设和发展情况进行分析，公共图书馆应该注意结合新时代的影响设计量化评价系统，逐步推进价值评估工作，从服务设施的建设情况、服务方式的选择情况、服务范围的拓展情况及服务态度的改善情况等对公共图书馆服务工作实施量化评估，列出定量性质的服务评估指标系统，将图书馆拥有的图书文献资源情况、组织开展培训讲座情况、开展社区服务情况、服务地域覆盖情况、用户反馈情况等多元化的信息纳入评价指标体系中，有效组织开展量化评估工作，从服务均等化的角度对我国公共图书馆建设发展的基本情况开展合理化的评估，增强服务管理的效果，为公共图书馆建设中探索信息化发展、品牌化发展、特色化发展提供良好的支持，有效促进综合服务效能得到全面的、系统的提升。

### 四、公共图书馆有效服务机制的建设

有效服务机制是保障服务工作稳定开展，促进服务效能全面提升的重要基础，在新时代背景下积极探索公共图书馆完善服务体系建设的过程中，结合普遍均等服务理念的要求，对公共图书馆有效服务机制建设进行分析，增强服务体系的健康性、均等性和有效性，有助于保障服务工作的长效化发展，为社会大众提供相对较为稳定的图书馆服务。在积极推进有效服务机制建设的过程中，首先，公共图书馆组织管理部门和地区文化站应该高度重视公共图书馆布局失衡的问题，从宏观视角和全局视角分析整个区域体系内部公共图书馆布局失衡的问题，从服务地点、服务半径、读者需求及人口密度的角度分析公共图书馆布局的合理性。在此基础上，重点关注经济发展水平偏低地区的图书馆服

务工作的开展，为人口密度大、人口综合素质低的区域提供扶持，保障群众能公平地享受图书馆服务。其次，要全面促进公共图书馆管理方式和管理机制的改进和创新，引入切实可行的图书馆服务组织管理模式，实现图书馆建设各方主体的有机合作，促进服务标准统一构建和服务建设的统一监管，真正发挥行业协会的作用，推动建设主体的有机协调，切实推动图书馆社会服务体系的有效运转，为服务工作的高效化发展奠定基础。

### 五、公共图书馆升级运行系统的建设

在普遍均等服务理念的影响下，为了能提高建设效果，促进建设工作的全面优化开展，我国公共图书馆服务体系建设在实际工作中要注意从公共图书馆服务工作可持续发展和科学化发展的角度入手，促进普遍均等的国际管理原则得到落实，这需要探索公共图书馆服务体系的建设和服务系统的优化升级，促进优化升级系统的稳定运行和动态运作，保障形成良好的服务模式和服务体系，提升服务工作的综合效果。在实际对公共图书馆优化升级系统进行建设的过程中，需要将图书馆服务体系中的信息反馈机制建设作为前提和基础，结合信息反馈情况不断对公共图书馆服务工作进行有针对性的改进和升级，不断优化图书馆的服务运作模式，从而提高服务效果。同时，在图书馆优化升级系统的实际运作过程中，要深刻认识到过程监管的重要性，构建信息渠道畅通、信息反馈快捷的过程监控工作体系，为系统的优化升级提供信息来源，从而使系统的优化升级能契合读者的需求，为读者群体提供更高质量的服务，在公共图书馆服务工作中保障普遍均等化服务思想得到全面系统的实施。

## 第五节　新体制框架下总分馆体系的构建和运行模式

普遍均等服务理念的提出和贯彻落实对图书馆总分馆服务体系的构建和运行模式的创新产生了一定的影响，因此，基于普遍均等服务理念的应用，在公

共图书馆新体制框架下对总分馆体系进行建设，需要明确建设要点，促进运作模式的合理化应用，保障新体制框架下总分馆体系建设的作用能得到全面的系统的发挥。

## 一、新体制框架下公共图书馆总分馆体系的建设措施

在新体制框架下，按照公共图书馆总分馆体系建设的现实需求，要注意有效处理体制障碍问题，促进管理体制的全面创新，从而为公共图书馆总分馆体系的构建打造坚实的体制壁垒，保障总分馆体系的建设和运行都能取得良好的发展成效。

### （一）重新确定总分馆体系的建设主体

我国公共图书馆服务体系的构建将总分馆体系建设作为主要的方向，并按照行政区划设置了多元化的分级管理模式，虽然能在一定程度上保障建设工作稳定推进，彰显政府部门的主导作用和组织管理作用，但现有体制的运行造成公共图书馆服务体系的建设工作中出现了多元化建设主体和多层次管理方面的问题，而总分馆体系要求建设主体和管理单元统一，这就在一定程度上增加了公共图书馆总分馆体系的建设难度。因此，在积极推进公共图书馆总分馆体系建设和发展的过程中，要注意结合改革开放时代发展背景下我国公共图书馆建设服务体制的基本运作情况，对总分馆体系的建设主体进行准确的定位，从而引入建设主体上移的方案，按照总分馆体系建设和运营管理工作的现实需求，由具有一定行政管理层级高度的政府部门承担公共图书馆服务体系的建设责任，这样就能在公共图书馆服务体系的建设发展实践中，以大城市区政府为公共图书馆总分馆体系的建设主体，以中等城市的市政府为城区公共图书馆的建设主体，以县级政府为基层公共图书馆服务建设主体。在此过程中，结合新时代背景对公共图书馆总分馆体系的建设主题进行准确的定位，就能转变传统体制机制的束缚，促进新体制的建设和发展，为公共图书馆总分馆建设工作的开展搭建良好的政府工作平台。

### （二）建设主体合理规划优化布局设置

公共图书馆的建设主体在推进服务体系建设发展的过程中，会有意识地结合相关行业标准的制订和实施对图书馆的建设情况进行系统的规划，有意识地对行政区域范围内的图书馆实施有效的布局，保障能将服务人口和服务半径数据作为参考资料对图书馆分馆的设计进行系统的研究，针对服务点的布局进行准确的定位，促进总分馆体系的有效构建和系统实施，增强公共图书馆管理服务的综合效果。具体而言，按照我国城乡的发展情况，市政府、区政府、县政府、街道办事处、社区组织及乡镇政府、村委会等应该对自身作为公共图书馆分馆建设主体的地位和职责进行准确的定位，从负责本地区公共文化服务事业建设的角度对区域图书馆分馆建设工作的开展进行系统的研究，制订契合本地区实际情况的工作方案，可以选择构建基层图书馆、区域图书馆服务网络，也可以对流动图书馆、电子图书室等进行开发，使图书馆服务体系的构建与新体制下总分馆体系的建设发展相适应，增强总分馆体系的建设效果。

### （三）制订总分馆体系建设的具体标准

新体制的形成和均等服务理念的应用要求公共图书馆在建设总分馆体系的过程中按照具体的工作流程组织开展各项建设工作，促进工作全面创新，从而提高建设工作的整体影响力。在实际工作中，应该注意结合总分馆布局工作的实际情况，将行政区划设置作为参考调整布局模式，确保能在指定范围内设置大型图书馆，然后按照服务人口的需求及服务边境的情况，设置多种类型的中型分馆、小型分馆或者流动服务站。按照《公共图书馆建设用地指标》的具体规定，在建设总分馆体系的过程中，可以坚持具体的标准，即服务人口达到150万以上，就应该设置1～2个大型公共图书馆，按照每50万人口增加一座中型图书馆的标准设计中型馆，按照每20万人口增加一座小型图书馆的标准设计小型馆。同时，也可以参考图书馆的服务半径确定图书馆的建设规模，有效支持图书馆服务工作的规范化和有序化发展，促进综合服务工作的效能进一步彰显，在新体制框架下优化总分馆体系的综合建设发展成效。

## 二、新体制框架下公共图书馆总分馆体系的运作模式

结合普遍均等化服务理念的影响，公共图书馆在新体制框架下要分析总分馆服务体系的运作，制订合理化的运作模式，彰显公共图书馆总分馆体系的建设效能，保障产生新的建设成效，形成巨大的影响力，促进图书馆综合服务工作的全面创新。

首先，在运行总分馆体系的过程中，要注意落实统一化的经费管理、资源管理，系统整合人员管理，构建统一的服务标准体系。同时，按照服务均等化体制的影响，在实际对公共图书馆总分馆体系进行建设和开发的过程中，要注意重点系统开发总馆和分馆服务功能，强调总馆在图书馆服务体系建设和资源整合方面的整体作用、枢纽地位，有计划、有目的地引导分馆服务规范、网络咨询服务工作的开展，对分馆人力资源管理体系进行全面创新，从而保障总馆和分馆的联合，能面向社会大众为读者群体提供积极的阅读引导服务。

其次，在运行总分馆体系的过程中，要强化总馆的业务管理职能，促进统一业务体系的建设和服务标准的规划，保障公共图书馆系统实现对文献资源的统一采购和配送，提高服务工作的整体影响力。具体来说，公共图书馆在新时代背景下结合区域性服务网络资源共享建设工作的基本情况，在服务体系建设方面掌握文献购置经费的使用权后，由图书馆中心馆确定地区文献资源供给服务情况，科学化地组织开展文献资源的采购和配置工作。同时，为了促进资源的共享，在开展综合服务工作的过程中，还要注意各项展览活动和文化周服务的活动组织规划，使服务体系建设形成良好的价值和作用，促进服务工作的创新，保障服务工作的开展可以产生巨大的影响力，加快公共图书馆现代化建设发展进程。

最后，在运行总分馆体系的过程中，改进和优化读者服务工作，尝试结合新服务体系的构建和系统开发，制订统一的读者服务标准和规范系统，采用专门的读者服务工作模式和信息平台，在信息时代的背景下按照读者群体的需求促进总馆和分馆服务工作的系统创新，更加便捷化、系统化地为读者群体提供相应的服务，增强服务工作的综合影响力。在实际工作中，要注意保障总馆的图书文献资源和相关信息数据能在分馆的信息化平台上进行查询和借阅，而分馆服务工作的开展也能对总馆服务工作的创新产生影响，使公共图书馆总馆按

照分馆反馈的信息对读者服务工作的开展进行系统的调整和规划，形成联动服务效应，提升良好的服务效果。

# 第六节　新体制框架下区域性服务网络的构建

公共图书馆新体制框架的形成对图书馆区域性服务网络的构建产生了影响，展现了新的特点和新的建设方向，而且建设工作的开展对图书馆服务效能的提升产生了重要的影响。

## 一、确定公共图书馆区域性服务网络的建设内容

区域性服务网络的构建能推动区域性图书馆之间的有效联合，彰显图书馆联合发展的优势，实现对资源、技术的共享，从而切实增强图书馆综合服务工作的效果。在具体工作的实践中，受新体制框架的影响，公共图书馆区域性服务网络的构建需要加强五个方面的建设：

其一，管理平台和技术共享建设，在区域性合作体制框架下借助总分馆制的建设和实施，转变传统图书馆各自管理的局面，促进管理平台的统一构建，实现区域服务网络中图书馆技术和资源的共享，有助于促进各成员馆服务能力和办馆效益的不断优化。

其二，采购工作协调发展。在区域内部图书馆服务网络中，在图书馆联盟的作用下对文献资源的采购进行有机协调，划分不同图书馆的采购分工，形成图书馆的发展特色。

其三，联合编目工作持续推进。在建设区域性服务网络的过程中，按照图书馆之间的联合发展情况，落实联合编目工作，采用联机的方式对编目进行调整，转变个体化编目方式，形成系统化的编目模式，降低人力物力成本。

其四，通借通还工作的落实，在区域性服务网络的支撑下，成员馆之间设计统一的借书证和图书借还制度，证件可以在多个图书馆使用，增强服务的便捷化和人性化特色。

其五，图书文献资源数据资源库共享。按照新体制框架的运作要求，图书馆区域性服务网络体系建设共建共享数据库资源，实现对资源的有效整合，最大限度地促进资源共享作用的全面发展，提升服务工作的影响力。

## 二、建设公共图书馆区域性服务网络体系的有效途径

在新体制框架下积极促进公共图书馆区域性服务网络体系的构建，要想真正发挥区域性服务网络的价值和作用，就需要确定建设路径，确保建设工作的稳定、高效开展。

### （一）践行总分馆制思想，促进三级网络服务体系的全面覆盖

在新体制框架下，公共图书馆服务体系的建设要想实现成熟化发展，较为重要的一点就是促进服务体系的建设和服务体系影响力、覆盖率的全面提升，为区域公共文化事业的发展提供良好的支持。因此，在建设区域性服务网络的过程中，要注意将总分馆制作为基础性的工作，整合市级、区县级及社区图书馆建设力量，促进三级服务网络的全面覆盖，发挥建设主体的作用，促进图书馆服务资源和文献资源的共建共享，最大限度地发挥区域图书馆的协同作用，促进服务标准化和特色化的建设。在此过程中，为了践行普遍均等服务理念和服务思想，促进图书馆共同体的建设和实施，借助契约加强区域性服务网络中成员馆之间、总分馆之间的联系，保障在资源的支撑和技术的支持下建设和完善图书馆合作服务机制，进一步强化图书馆的综合服务功能，积极引领区域性服务网络的高效化建设和公共图书馆服务体系的系统化创新。

### （二）全面推进服务互动，打造特色城市文化体系

按照普遍均等服务的要求，在新体制框架下对公共图书馆区域性服务网络体系进行系统构建，要清晰明了地认识到服务互动的重要性，将特色城市文化服务体系的构建作为主要的工作方向。具体来说，在公共图书馆服务体系中，总馆和分馆的服务规模、服务范围、服务模式具有一定的相似性，而总馆一般资源更加丰富、服务活动也更具多元化，分馆则还能结合自身条件和读者服务的需求，选择构建特色化的服务体系，对读者服务进行全面改革，为城市特色

文化体系的构建助力，切实推动公共图书馆服务体系的建设，以创造巨大的经济社会效益。如公共图书馆在对全民阅读推广服务进行开发的过程中，可以尝试引入图书馆总分馆制的思想，形成上下联动效应，积极开展读书征文、专题讲座活动，也可以设置专门的文化展览、竞赛答题活动等，吸引读者群体主动参与到图书馆组织开展的特色服务活动中，保障服务工作的开展能与读者群体形成良好的互动关系，彰显特色图书馆服务工作的综合影响力，夯实区域范围内特色城市文化建设的基础。鉴于此，公共图书馆要正确认识区域性服务网络体系中服务互动的重要性，并以此为基础全面系统地设计和开发互动性的活动，挖掘地域特色，对文化服务工作的开展进行创新，确保逐步形成完善的服务网络体系，助力特色城市文化体系的构建和实施，真正做到在公共图书馆区域性服务网络中践行均等化服务思想，使服务工作的开展能与读者群体实现有效的对接，为区域公共文化事业的建设和发展创造有利条件。

### （三）搭建统一网络服务平台，开发信息增值服务

在区域性服务网络建设和运营过程中，公共图书馆各成员馆之间能建设统一的网络平台，形成联合目录数据库及相关的书目查询系统，创新服务工作，联合支持数字化参考咨询服务、网络文献资源传递服务、学科信息导航服务工作的优化创新，切实提升公共图书馆服务工作的整体效果。与此同时，区域内部读者借助区域性服务网络的构建和实施，应用公共书目查询系统，对所需文献资源进行一次性的检索，对资源的应用做出初步的判断。如鞍山市公共图书馆就加强与鞍山市网络平台的有效合作，引入了百兆光纤，在网络平台的支持下对鞍山数字图书馆的建设进行系统的开发，保障系统的建设效果。在此基础上，将公共图书馆作为基础性的平台开发信息查询、信息互动、信息咨询等信息增值服务，将图书馆服务与互联网服务紧密融合在一起，拓展公共图书馆的综合服务功能，为读者群体提供更为广泛的信息检索渠道，在优化创新信息增值服务效果的基础上，保障公共图书馆区域性服务网络的构建实现对城乡的全面覆盖，提升区域性服务网络的综合影响力，为新时代背景下公共图书馆服务工作的开发和创新提供良好的支持，切实增强公共图书馆的综合建设发展成效。

# 第九章 我国公共图书馆服务体系建设的创新路径

## 第一节 公共图书馆服务体系创新概述

公共图书馆服务体系的创新需要以服务创新的研究作为基础，对公共图书馆服务体系建设的基本要素进行准确的定位，高质量、高效率地开展服务体系建设。

### 一、公共图书馆服务体系创新的动力

服务体系创新发展的动力能积极引领服务体系的构建，推动服务体系创新建设取得良好的发展成效。结合我国当前公共图书馆建设发展的情况来看，新时代背景下复杂的文化形势和技术形势等驱动了图书馆服务体系的全面创新。

首先，在公共图书馆事业发展的过程中，数字化技术的应用成为主流思想。在数字化环境下，社会大众的信息获取习惯和阅读习惯出现了相应的变化，图书馆要想提高服务的精准度和有效性，就需要积极探索数字资源的建设，应用数字技术创新图书馆信息服务，改变公共图书馆的发展模式，形成新型管理服务体系，彰显公共图书馆在服务公共文化事业方面的价值和作用。在

此过程中，图书馆服务体系对数字技术的应用，推动了图书馆探索创新服务体系的构建，对图书馆服务工作的改进和优化产生了重要的影响。

其次，公共文化服务呈现出常态化的发展态势。从当前公共图书馆发展的外部文化环境看，公共图书馆本身属于公益性的文化机构，为社会提供优秀的公共文化资源和服务，引领区域文化服务工作的建设和开展。因此，面对新时代背景下公共文化服务建设的新形势和新特点，公共图书馆在发展实践中必须合理化控制自身定位，结合新时代文化服务事业的新变化和公众参与图书馆建设的新需求，对公共图书馆的管理体制进行创新，使图书馆参与到社会主义文化建设事业中，彰显服务价值，引领区域性特色社会主义群众文化建设工作的高效化开展。

最后，图书馆法人治理结构的深入落实，推动图书馆对服务模式不断进行调整，加快规范化和标准化建设的进程。在法治社会背景下，公共图书馆在建设发展实践中逐渐探索现代化理事会制度的构建和应用，并尝试将法人治理结构和思维引入公共图书馆管理模式和管理体系中，形成了图书馆多元主体共同参与、共同协商的管理格局。新型管理模式能降低政府对公共图书馆服务事业建设发展的影响，也能优化图书馆人力资源结构，促进图书馆文献资源的高度整合应用，从而在图书馆内部形成高水平的综合决策机制，为图书馆服务体系的革新提供新的发展思路和发展动能，助力我国公共图书馆文化服务事业实现创新化发展的主要目标。

## 二、公共图书馆服务体系的建设原则

公共图书馆服务体系的创新构建需要遵循具体的工作原则，保障各项建设工作的开展与我国的基本国情、与区域文化服务事业的发展与社会大众的需求相适应，增强服务工作的综合影响力。在普遍均等化服务理念的影响下，在实际推进公共图书馆服务体系的建设实践中，需要坚持三个原则。

### （一）普遍均等服务的原则

按照我国全面深化推进文化体制改革的要求，公共图书馆是我国公共文化服务体系建设中最重要的构成元素之一。公共图书馆服务工作的创新推进能为公民基本文化权益的保障和普遍均等服务的落实提供重要的支持。因此，在公共财政的支撑下，公共图书馆服务体系的创新构建应该坚持普遍均等的服务原则，引入惠及全民的思想，尽量使服务工作实现对区域范围内所有群众的全面覆盖，保障群众的阅读权益、文化权益得到尊重和维护，真正促进信息公平的落实。同时，遵循普遍均等服务的基本原则，要求公共图书馆在对服务体系进行创新的过程中，尽量让所有人都能就近获得阅读服务和文化服务，为特殊群体开发特色服务，促使服务工作的开展能得到读者群体的高度认可。

### （二）因地制宜的原则

公共图书馆服务体系创新的最重要目标之一就是要满足读者群体的需求，促进阅读推广和信息资源共享工作的开展。因此，在新时代背景下促进公共图书馆服务体系的创新构建，要注意践行因地制宜的原则，必须结合我国基本国情及各地区图书馆服务事业的建设发展需要，因地制宜地选择建设方案和服务创新模式，构建能满足区域群众个性化需求的服务体系，凸显公共图书馆服务工作的创新性、科学性，使服务工作的开展能最大程度地激发区域文化活力，助力区域文化服务事业的常态化发展。

### （三）适度超前的原则

公共图书馆服务创新在践行渐进发展思想的基础上，可以结合现代化综合服务体系的构建，引入适度超前的思想，将具体服务的建设重点落实在基层图书馆服务体系建设方面，在对服务体系进行创新开发的过程中，可以尝试结合图书馆服务工作的未来发展需求，综合分析互联网信息技术与数字技术在图书馆服务工作中的应用发展趋势，适当引入超前开发的思想，为图书馆服务工作的创新推进做好准备，凸显服务工作的时代化特点，促进阅读推广服务和读者服务工作的全面创新。

### 三、公共图书馆服务体系的建设方法

公共图书馆服务体系的创新需要具体的创新工作方法作为支撑，只有结合

时代背景对服务创新方法进行调整和优化，才能显著提高服务效果，促进服务工作的开展得到读者群体的高度认可。

### （一）推动服务工作向居民生活延伸

公共图书馆在探索服务创新的过程中，要注意转变传统被动服务的发展理念，引入主动服务的建设思想，使服务工作的开展能走出图书馆，向群众的生活延伸，借助流动阅读车和便民阅读点服务体系的构建，让居民能感受到家门口的阅读服务，增强服务工作的综合效果。同时，在公共图书馆创新开发服务工作的过程中，要注意结合本地区读者群体的需求定期开展调研工作，也可以设置读者信息反馈板块，逐步确定区域范围内读者群体的阅读需求，从而在开展公共图书馆阅读服务工作的过程中，按照读者群体的具体需求优化服务供给，为读者群体提供人性化的服务，彰显公共图书馆创新服务的价值。

### （二）推动服务载体向网络平台延伸

公共图书馆服务创新实践可以尝试结合信息时代的影响，将网络参考咨询方面的服务向网络平台延伸，将微博、微信平台和热门网站作为开展服务工作的重要载体，提升服务工作的主动性和针对性，增强服务工作效果。公共图书馆在实际调整和优化服务体系的过程中，可以有意识结合信息时代的影响，采用专门的技术方法，调整图书馆的网络参考咨询服务，向网络在线平台转移，让用户能在网络平台上应用信息查询服务，加深用户群体对图书馆服务的了解，增强服务工作的影响力和服务资源的利用率，凸显信息时代背景下公共图书馆服务工作的特色，形成在线服务的开发管理体系。

### （三）推动活动主题向经济文化领域延伸

公共图书馆在对服务工作进行创新开发的过程中，为了切实提高服务工作的综合效果，往往会开发多种类型的专题活动，凸显区域文化特色，吸引读者的注意力。因此，为了提高服务的综合效果，公共图书馆在对服务模式进行开发的过程中，可以尝试引入专题服务理念，秉承区域特色服务的开发，围绕本地区城市经济、文化生活的发展和变迁，紧密结合本地区历史故事、风俗文化的发展等开展主题活动,丰富图书馆主题文化活动的影响力,借助服务工作的开展使地区文化得到有效的传播和传承,丰富区域公共文化服务体系的建设内容,增强服务工作的综合效果,使主题创新活动的开展可以得到群众的支持、认可。

### (四)推动服务方式向与借阅售书结合延伸

公共图书馆服务的创新工作还加强对服务方式创新的重视,对新服务理念的应用和服务模式的开发进行了相应的探索,取得了显著的服务开发成效。在实际工作中,公共图书馆积极探索借阅服务和售书服务的有机结合,在借阅图书的基础上,读者如果想要购买图书,图书馆就可以帮助读者构建与书店的合作关系,从而方便读者群体及时购买图书,为读者群体创造便利。同时,在创新借阅与售书结合服务工作的过程中,还可以结合现代服务特色及激励读者主动阅读的需求,根据在图书馆阅读的积分,读者能换取一定的购书优惠券或打折服务,吸引读者群体主动阅读,增强创新服务方式对读者群体的吸引力,从而优化阅读服务的效果,保障公共图书馆服务体系实现全面创新,在区域范围内产生巨大的影响力。

## 第二节　公共图书馆服务创新的内容

公共图书馆发展实践中服务创新涉及多方面的内容,为了提升服务创新的效果,就需要准确定位具体的服务创新内容,从而保障服务创新工作的高效化和系统化推进。

### 一、理念创新,指明图书馆服务创新方向

服务理念对公共图书馆服务创新工作的开展产生积极的影响,服务理念的创新有助于带动图书馆服务创新的规范化和有序化发展。

### （一）增强服务意识，助力城市文化建设

公共图书馆文化服务工作的开展关系到城市文化内涵的构建和城市文化品牌的打造，本身能反映出城市文化形象、文化品位方面的内容，积极探索图书馆服务意识的创新，形成合理化的服务开发模式，从而助力城市文化建设工作的高质量推进。特别是我国近几年城市经济高速建设和发展，公共图书馆服务的宣传和示范能为城市文化建设提供有力支撑，因此，城市公共图书馆应该以服务城市文化建设为宗旨，转变服务理念，积极探索图书馆服务规范化管理工作的开展和改革创新的系统推进，将提升图书馆服务的整体层次作为重要的方向之一，积极组织开展系列图书馆服务创新活动，使文化服务工作的理论水平、文化水平得到显著提升。同时，在公共图书馆服务创新的过程中，借助服务意识的转变，图书馆可以积极探索图书馆城市体系的构建，打造特色的城市文化品牌，彰显城市文化服务的影响力，使服务工作的开展得到读者群体的高度认可。

### （二）关注服务效率，促进文献资源共建共享

在对公共图书馆服务模式进行全面创新和系统开发的过程中，关注服务效率的提高，能增强服务效果，也能为图书馆文献资源和信息资源的共建共享提供良好的支持。因此，结合信息时代背景下服务效率偏低、服务覆盖范围较小的情况，图书馆在创新开发服务工作的过程中，为了能让图书文献资源高效率地向读者群体传递，在实际开展服务工作的过程中就要注意结合信息技术的应用，促进文献资源和数字资源的有效整合，对公共图书馆的服务空间进行拓展和延伸，确保在信息技术的支持下和数字文献资源充分供给的情况下，真正在服务工作中做到文献资源和信息资源的共建共享，拉近公共图书馆服务工作与读者服务需求之间的距离，有效推动服务效率的全面提升。例如，赣州市图书馆在信息时代背景下探索服务创新的过程中，就高度重视服务效率的提升，在实际工作中有意识地结合赣州经济发展情况和社会文化建设的形式，对公共图书馆服务体系建设的基本内涵进行挖掘，并从公共图书馆服务与赣州市经济协会协同发展的角度，对文化信息资源共建共享工程进行设计和开发，将赣州市

各地区的公共图书馆、文化室的建设作为基本单元，数字化升级公共文化机构中的文献资源和信息资源，并以此为基础借助计算机技术、数据库技术、云计算技术等的综合应用，构建在线文化信息中心和网络资源共享中心，显著提高赣州市图书馆的综合服务效率，切实助力图书馆文献资源的共建共享，使服务工作的开展取得巨大的发展成效。

### （三）落实文化惠民，践行公共社会责任

公共图书馆属于公共文化服务体系的重要组成部分，图书馆文化服务工作的开展对促进普遍均等化服务工作的系统推进产生重要的影响，是服务创新的关键环节。在图书馆对服务体系进行创新开发的过程中，与各地区的文化信息共享工程紧密融合在一起，不仅能践行公共图书馆文化惠民的思想，促进服务效率和服务影响力的全面提升，还能在综合服务工作中保护民族文化、传播地域文化，推动区域特色文化服务体系和发展体系的构建，助力文化服务工作实现繁荣发展。在此过程中，结合新服务理念的应用和服务模式的开发，有助于提升文化服务的开发效果，把握中国公共文化服务体系建设的基本国情，探寻推进城乡公共图书馆普遍均等服务的发展路径，真正使服务工作的开展惠及全体社会大众，保障社会文化责任的有效履行。同时，从惠及群众的角度对公共图书馆服务体系进行创新，还能在服务开发的过程中用优质的资源和完善的服务体系，启发读者群体进行思考，形成凝聚社会力量的重要作用，在公共图书馆文化服务工作中推动社会主义核心价值观的传播，助力社会主流意识形态的弘扬，真正夯实公共文化服务工作的基本发展基础。

### 二、制度创新，增强图书馆服务管理规范性

对于公共图书馆文化服务事业的建设和发展而言，制度的创新是服务创新的主要方向，制度创新工作的落实能增强图书馆管理服务的规范性，有助于促进服务工作的全面优化开展。

### （一）创新图书馆综合管理制度

公共图书馆管理制度是规范管理行为，促进管理工作优化发展的前提和基础。在我国新时期公共图书馆建设发展的实践中，创新图书馆管理制度，应该从内外部环境的分析角度制订工作方案。从内部环境的角度看，公共图书馆管理制度体系的构建应该从明确各岗位工作职责、准确定位管理目标任务、促进奖惩措施完善的角度进行分析，将图书馆管理工作的开展引入规范化、标准化的体系中，形成科学化和制度化的发展轨道，确保公共图书馆服务创新有章可循。从外部环境的角度看，公共图书馆管理制度的创新，应该转变传统行政干预的综合管理模式，凸显图书馆的自主管理能力，从制度规范入手促使图书馆管理向着以经济法律手段进行间接调控的方向转变，提升综合管理水平，彰显管理工作的整体影响力。

在设计和规范公共图书馆管理制度的过程中，要注意强调有效维护读者的权益，要尊重社会信息公平的原则和信息资源自由获取的原则，在制度体系的建设实践中重点关注服务意识的创新和技术应用的人性化探索，从促进图书馆服务工作的长效化发展、高效化发展的角度对制度体系进行建设和完善，确保新制度体系的构建能转变公共图书馆传统的服务模式，形成对公共图书馆管理工作的综合引导机制，为社会文化建设事业的发展提供良好的服务支持。

### （二）创新图书馆综合评价体系

在图书馆建设发展实践中，评价指标体系的构建能促进评价工作的科学化推进，对图书馆创新服务模式的构建也能起到有效的推动作用。但在当前公共图书馆服务创新实践探索活动中，因多种因素的影响而出现了评价指标体系建设不够科学的情况，评价重视管理但忽视了服务评价的重要性，导致评价结果不够客观、合理，无法正面引导公共图书馆服务体系的创新构建。因此，按照新时代背景下我国公共图书馆服务创新的现实需求，要尝试引入新的评价理念和评价模式，设计和完善综合评价指标体系，保障公共图书馆的综合评价效果。在实际建设评价体系过程中，可以有意识地结合公共图书馆服务群众、服务社会公共文化建设事业、服务教育事业、服务社会经济建设、服务乡村振兴和扶贫工作的基本情况展开评价，对公共图书馆服务的价值和作用给出相对客观准确的判断，从而引导公共图书馆从彰显服务优势、强化服务效能的角度对评价体系进行设计和应用，并按照评价结果对服务工作进行调整和改革，确保充分发挥公共图书馆服务评价的价值和作用，有效推动公共图书馆综合管理服务工作的系统革新，这样就能借助完善评价服务体系的构建，促进公共图书馆服务评价的贯彻落实，以评价结果倒逼图书馆服务工作的改进和创新，引导图书馆在对服务体系进行改革的过程中，逐步践行服务均等化思想，为社会大众创造一定的便利。

### 三、范式创新，强化图书馆综合管理效果

对公共图书馆创新服务的开发而言，范式创新是较为重要的方向，对图书馆的管理范式和服务范式进行改进和优化，能形成个性化的图书馆服务发展模式，从而有效彰显公共图书馆在助力社会经济文化建设事业发展上的优势，全面提高公共图书馆的综合服务效能。

从范式分析的角度看，我国公共图书馆传统信息服务范式主要是以政府为主体，政府对公共图书馆服务工作的开展发挥着核心引导的作用，这种范式虽然有助于强化对公共图书馆的管理，但会导致服务工作的开展无法兼顾社会大众的权益问题，也会导致公共图书馆信息服务工作的开展难以保障信息提供者的权利，也无法明确信息提供者的责任和义务，最终造成信息服务工作存在明显的局限性，无法使公众的多元化、动态化的服务需求得到满足。因此，公共图书馆在积极推进服务创新的过程中，可以将范式的创新作为重要的方向，对服务范式的选择要注意将满足社会大众的阅读服务需求和信息获取需求作为目标，公共图书馆在对服务范式进行创新的实际过程中，应主动结合信息环境的变化，探索信息技术在新服务范式中的应用，对读者需求及读者行为变化进行系统的定位，从而借助服务范式的调整和变革增强服务工作的效果，保障可以更加精准地控制信息环境中的变化，适应新时期服务工作的具体需求，从而使服务工作的开展突破传统模式的限制，形成新型公共图书馆服务体系，营造公共图书馆服务创新的全新发展局面，使图书馆服务创新工作的开展产生巨大的影响力，带动社会公共文化服务事业呈现出全面优化发展的态势。

# 第三节　公共图书馆的服务体系

公共图书馆服务体系的创新，可以践行新的管理思想和服务模式，系统开发具体的服务工作，争取能在公共图书馆服务工作中促进服务系统的科学构建，从而提高服务工作的整体效果。在信息时代的背景下，公共图书馆在促进服务体系全面改革和创新的过程中，可以将持续、开放、人性化服务开发作为切入点，从多角度探索服务体系的多元构建，为公共图书馆综合管理和服务工作的科学推进创造条件。

## 一、用可持续发展观指导城市公共图书馆的建设

新时代公共文化建设事业的发展对公共图书馆服务体系的构建提出了新要求，公共图书馆应该探索可持续发展路径，用可持续发展理念指导图书馆各项管理和服务工作的开展，确保准确定位公共图书馆在现代社会的发展情况，制订科学系统的管理方案，全方位推动管理模式的系统创新。

### （一）明确图书馆发展定位，夯实可持续发展基础

在信息时代、知识经济时代的背景下，图书馆在发展实践中对发展方向和发展模式进行准确的定位，以此为基础制订发展战略，为城市公共图书馆服务创新工作的开展作出战略指引，促进服务水平的逐步提高。

其一，要对工作重心进行定位。按照可持续发展理念对公共图书馆群众的服务需求进行分析，把握当前需求和潜在需求，以用户为中心开展各项工作，使图书馆管理和服务工作的开展能将用户需求的变化作为调节的标准，形成动态化的管理和服务综合运行机制，优化创新服务内容和服务方式，形成能彰显良性循环的综合服务体系。

其二，对馆藏资源进行定位。图书馆服务体系的构建在信息时代背景下离

不开馆藏资源的支持，因此，对图书馆的发展进行定位，应该深刻认识到馆藏资源的重要价值和作用，从实体资源和数字资源储备入手对馆藏建设进行解析，实现资源的有效整合，支持公共图书馆管理服务的创新发展。

其三，对业务中心进行定位。在用户本位发展理念的驱动下，公共图书馆业务工作逐渐从二线模式向一线模式转移，图书馆为了提高服务效果，要对将读者服务业务、信息共享业务等进行创新，突出业务工作的中心地位，以业务工作的创新促进服务能力的提升，带动公共图书馆综合服务工作的系统发展和全面创新。

其四，对馆员进行定位。信息时代公共图书馆服务体系的创新需要人才的支持，因此，结合公共图书馆服务创新发展战略的影响和要求，在图书馆管理和服务改革实践的过程中，要对馆员队伍的构建进行定位，馆员应坚持用户为本、读者需求为本的思想，一切从满足群众需求的角度对服务工作的开展进行设计，还应具备较强的专业知识和专业技能，能结合数字技术、信息技术等应用对工作进行创新，有意识地强化自身公关能力、科研能力和管理能力等，促进高素质馆员队伍的构建，切实支持公共图书馆服务工作的创新发展。

在对图书馆发展方向和发展模式进行准确定位的基础上，构建战略化的管理和规划体系，为公共图书馆实现可持续发展奠定坚实的基础。

### （二）践行科学管理思想，夯实可持续发展保障

对于公共图书馆服务体系的创新而言，在管理实践中践行科学的管理思想，是进一步夯实图书馆可持续发展的基础和保障，能为图书馆服务工作的可持续发展提供良好的支持。在图书馆建设发展的实践中，引入科学的管理思想，能对图书馆现有资源实施有效的整合和配置，能对图书馆发展潜能进行充分的挖掘，从而提高图书馆经济效益和社会效益，引入全方位的管理理论，增强图书馆可持续发展效能。在探索科学化管理工作的过程中，可以重点从三个方面制订管理方案。

首先，将公共关系管理作为公共图书馆管理工作的中心，在公共关系管理实践中，公共图书馆可以尝试成立专门的管理部门，配备专业的管理人

员，对图书馆管理和服务工作中涉及的公关活动负责，形成能凸显现代公关特色的公关工作体系。在实际开展公共关系的管理工作中，尝试对图书馆战略识别系统、品牌识别系统、理念识别系统等进行完善，对外部信息需求进行准确的定位，确定图书馆公共关系管理中的宣传和推广渠道，加深对图书馆发展和社会公共文化服务的双向了解，从而在管理实践中促使公共图书馆服务工作的开展与社会外部环境需求达到平衡、协调的状态，在提升公共图书馆发展成效的同时，使服务工作的践行能为社会公共管理服务体系的构建作出巨大的贡献。

其次，将团队组织管理作为公共图书馆管理工作的主要方向，在管理工作中重视馆员之间良好氛围的营造，引导图书馆管理人员能团结一致参与到图书馆管理和服务工作的创新发展实践中，促进良好管理文化的建设，使馆员保持积极的思想状态参与管理工作，在有效对馆员进行激励和引导的基础上，挖掘图书馆管理人员的潜能，使他们能全身心地参与到图书馆管理实践中，形成图书馆管理人员的主体作用，促进综合管理工作的全面开展和系统创新。

最后，积极推进图书馆管理服务制度体系的构建，按照可持续管理工作的现实需求不断制订新的管理制度和管理方案，使管理工作的开展能与公共图书馆服务发展倾向相适应，能为公共图书馆整体管理水平的提高提供有力支持。在具体对公共图书馆管理服务进行创新的过程中，要重点对图书馆文献资源管理制度、图书馆文化宣传活动组织制度、图书馆人才队伍激励制度、图书馆综合管理绩效考评制度等进行建设和完善，还要结合受众需求的变化制订图书馆服务评估考核制度，确保在完善制度体系的作用下，能有效对公共图书馆管理和服务工作的基本情况作出判断，动态化地对图书馆管理服务进行调整和创新，形成管理改革的良性训练，切实彰显公共图书馆管理和服务改革的优势，加快图书馆可持续发展进程。

借助科学管理方案的制订和管理模式的创新，就能展现图书馆综合管理服务工作的优势，在实际管理工作中为图书馆服务的可持续发展提供坚实的保障，引导公共图书馆更好地融入公共文化服务体系的建设实践中，为我国特色社会主义文化服务体系的构建提供强有力的支持。

## 二、城市公共图书馆与其他系统的图书馆、文化设施的合作

城市公共图书馆在探索服务体系创新的过程中，为了能凸显管理工作的可持续性，就要有意识地践行开放化的管理理念，寻求与其他系统的图书馆、文化设施的有机合作，彰显公共图书馆文化服务工作的优势，保障图书馆的可持续发展得到系统落实。

### （一）公共图书馆与其他组织机构的合作原则

城市公共图书馆在建设发展实践中，主动践行开放化的管理思想和组织模式，在对自身管理进行创新优化的同时，有意识地探索图书馆与其他馆系、文化设施的有机合作，形成多元联动效应，进一步提升公共图书馆文化服务体系建设的综合影响力。在寻求与其他系统的图书馆和文化设施合作管理、合作开发的过程中，公共图书馆应遵循四个原则。

其一，保持公共图书馆发展的独立性原则。公共图书馆与其他社会组织的合作不是完全将自身融入其他组织中，而是要在合作的同时保持独立性，与其他高校图书馆、科研院所图书馆及相关文化站之间保持平等的合作关系。在参与合作开发的过程中，公共图书馆必须践行独立思想，在合作中对自身参与服务体系建设的地位和作用进行明确，对服务系统的开发要注意彰显合作优势，对合作方的服务能力进行系统强化，增强公共图书馆管理和服务工作的综合效果，为公共图书馆实现开放化发展和可持续发展奠定基础。

其二，遵循公共图书馆的公益性原则。公共图书馆服务工作的开展能体现出公益性的特点，在对公共图书馆服务系统进行开发的实际过程中，要结合公共图书馆参与社会公共文化服务事业的实际情况，践行均等化服务思想和公益性服务思想，保障通过公共图书馆与其他系统的图书馆及文化设施的有机合作，促进图书馆服务工作的开展惠及全体民众，让读者群体能获得高质量的服务，产生良好的阅读体验，有效促进社会大众思想认识水平的逐步提升。

其三，增强图书馆合作的主动性原则。公共图书馆探索开放化管理模式，在实际参与公共文化服务建设的过程中寻求与其他社会组织的有机合作，构建

资源共享服务体系，需要在实际工作中坚持主动性的原则，即充分发挥公共图书馆的主观能动性，主动寻求与其他系统图书馆及社会相关文化设施之间的联系，争取各项服务工作的开展能得到读者群体的支持和认可，在获得其他组织部门的支持和配合下，有效拓宽公共图书馆的文化服务空间，促进服务工作的创新开发和系统改革，确保能在主动寻求合作的基础上使公共图书馆在社会范围内树立良好的服务形象，打造品牌效应，保障服务工作的开展得到全社会的认可。

其四，坚持合作共赢的原则。对于服务体系的创新，公共图书馆要注意践行合作共赢的思想，在寻求主动合作的过程中，从创新自身服务体系、拓展综合服务范围的角度开发各项管理模式、合作工作，还要从助力其他系统的图书馆、社会文化服务设施和服务系统智能开发和功能彰显的角度对合作关系进行设计，重点从寻求长远合作的角度探索公共文化服务机构合作机制的建设，确保能在良好的合作氛围中，实现各方共同参与、努力探索，从而达成合作共赢的发展目标。

### （二）公共图书馆与其他系统的图书馆、文化设施的合作方式

公共图书馆在与其他社会组织寻求有机合作的过程中，准确定位合作方式，在合作中结合不同的影响因素确定差异化的合作方法，从而增强合作的影响力，凸显公共图书馆探索合作发展的优势，加快图书馆服务体系创新的可持续发展进程。

#### 1. 积极推进同类合作

同类合作是指图书馆坚持开放化的管理思想，与服务职能、单位性质相似的机构寻求合作的关系，对图书馆的服务模式进行开发。一方面，公共图书馆可以寻求行业内部合作，打造区域化的图书馆服务联盟，在合作工作中构建统一的图书馆信息资源服务系统，促进信息资源的有效共享，使服务工作的开展满足不同群体的阅读需求。在公共图书馆行业内部的合作实践中，促进公共图书馆与高校图书馆、科研图书馆之间的合作，在合作的基础上展现文献资源和服务范围优势，可以促进服务工作的开展向全社会延伸。另一方面，公共图书馆与博物馆等其他文化事业单位寻求合作，在图书馆有效探索合作开发的过程

中，可以重点促进共同基础设施的应用，合作促进馆藏文献资源，特别是数字化馆藏文献资源的有效开发，为公共图书馆服务工作的开展提供多元文化的支持，增强合作规划的整体影响力，保障在落实资源科学配置的基础上，引领公共图书馆文化服务工作的高效化发展。此外，同类合作还涉及公共图书馆与公益性民间组织之间的合作关系，一般是寻求与扶贫类组织、环保类组织、科学教育类组织的合作关系，重点开发新的图书馆服务系统，彰显服务工作的公益性，在多元联合的基础上展现公共图书馆服务公共文化建设事业的价值。

2. 积极推进竞争合作

对于公共图书馆探索开放化合作管理而言，竞争合作就是公共图书馆在发展过程中探索与图书馆存在竞争关系的机构合作，形成新的服务开发模式。其一，业务链合作模式，即公共图书馆寻求与书店、出版商、数据库服务商等之间的合作，构建双向联系，减少中间环节的不良影响，在合作的基础上改善图书馆资源的采购模式，对管理服务成本进行合理化控制，提高公共图书馆的运营管理效果。其二，信息服务合作模式，即公共图书馆尝试与互联网公司、大数据公司针对共同的信息服务构建合作关系，使公共图书馆在管理服务工作中引入现代科学技术、信息技术，配备高素质的馆藏资源开发人才，为图书馆现代化建设事业的开展提供强有力的支持。其三，资源共享合作。资源共享是公共图书馆寻求多元合作的重要方向，即尝试与出版商、数据库、互联网平台等寻求资源共享合作机制，打造特色化、数据化的图书馆服务模式，借助资源共享提高图书馆文献资源的综合利用率，有效促进合作工作的创新组织推进，助力公共图书馆的可持续发展。

3. 积极推进协同合作模式

公共图书馆对协同合作的探索主要是在图书馆建设的发展实践中，主动寻求与第三类组织机构的合作，重点探索与广电部门、影视部门、网络文化媒体部门及学校教育部门之间的关系，按照图书馆建设发展需要对服务工作进行设计。一方面，可以结合协同合作的要求，引入特色服务系统，对特色服务进行开发，使服务工作的开展彰显区域特色，能为第三类组织机构文化事业的发展助力。另一方面，在合作探索中落实品牌战略，在第三方合作机构的支持下促进公共图书馆服务模式的有效宣传，从而突出图书馆服务的定位，形成特色服务品牌，助力良好公关形象的树立，保障公共图书馆在实际参与公共文化服务事业的过程中展现更大的作用，在寻求可持续发展的同时，为特色社会文化服务的开展奠定基础。

### 三、营造人性化的图书馆服务

公共图书馆可持续发展体系的构建需要人性化管理服务的支撑，在图书馆发展实践中，引入人性化的管理理念和管理模式，能凸显公共图书馆的管理特色，形成可持续发展机制，加快公共图书馆建设和发展的综合效果。在实际营造人性化公共图书馆服务模式的过程中，要注意从多角度促进人性化管理理念的渗透，为图书馆服务工作的可持续发展提供良好的支持。

#### （一）探索人性化图书馆设计，展现人性关怀

公共图书馆在服务创新方面对人性化理念的践行，应从图书馆设计的角度体现。其一，在图书馆的整体设计中，要表现出人性化的思想，一般外观的设计要突出强调地域特色和时代特色，让人在看到图书馆时能获得身心舒适的感受。如重庆图书馆的外观设计，就表现出较强的时代感召力，创新性明显较强，既能有效传达重庆图书馆丰富的文化内涵，也能向读者群体展现出重庆图书馆在新时代建设的新发展形象。其二，图书馆功能的设计要表现出读者群体的人性关怀。在实际对图书馆设计工作进行创新的过程中，要注意从读者需求的角度对服务功能进行完善，适当在功能设施方面设置无障碍通行模式，视力障碍群体的阅读服务模式，也可以在少儿阅读区设计体现趣味文化元素的内容，激发读者的阅读热情，在人性化设计思想的作用下提高设计工作的综合效果。基于人性化设计理念的应用，在图书馆服务工作中展现人性关怀，使设计工作的开展能够得到读者群体的高度认可。

#### （二）践行人性化服务意识，提高服务水平

图书馆管理服务工作的长效化发展和持续性推进需要人性化服务意识的支撑，只有在实际开展阅读服务工作的过程中，树立人性化服务意识，尊重读者

群体的阅读需求和阅读特色，对读者群体表现出人文关怀，才能使图书馆服务工作的开展得到读者群体的高度支持和认可，从而促进读者服务工作的全面创新，切实保障服务水平得到进一步提升。具体来说，公共图书馆在建设服务体系的过程中，结合时代发展背景和读者需求的动态变化，在服务工作中树立人性化服务思想，主动有效实践以人为本的人文精神，从而在实际推动服务人性化工作的过程中，明确各方职责，营造健康、和谐的图书馆阅读氛围，为读者群体提供多元化、个性化的服务。只有这样，才能在公共图书馆服务体系的建设实践中践行人性化服务理念，促进服务工作科学化、系统化开展，保障借助人性化服务体系的构建能获得受众基础，实现对服务工作的系统创新。

**（三）丰富人性化服务内容，拓展服务领域**

对于公共图书馆服务工作的开展而言，促进人性化服务思想的践行，能丰富服务内容，还能适当拓展和延伸服务的范围，使各项服务工作的开展能对读者群体产生较强的影响力，逐步向读者群体的生活延伸，真正构建契合群众阅读需求的服务体系，提高服务效果。具体来说，公共图书馆在开发人性化服务的过程中，全面系统地分析读者需求的动态变化，设计能凸显人性化特点的人性化服务，如按照读者的阅读兴趣爱好提供书籍推广服务，按照读者的年龄特点推荐相关心理教育书籍服务，按照地方群众的特色文化需求构建特色文献资源数据库服务等，全面创新服务工作。同时，在对人性化服务模式进行改革的过程中，公共图书馆还可以引入信息化的建设理念和品牌化的服务理念，在实际工作中有意识地创新人性化服务内容，确保能按照社会时事热点问题的变化为读者群体提供动态变化的服务，有效引导读者参与到阅读学习活动中，逐步促进读者良好的阅读学习习惯的形成，为新时代背景下公共文化服务建设事业的发展助力。在此过程中，通过设置和变革人性化服务内容，能更好地按照群众需求开展服务工作，进一步优化图书馆综合服务模式，为图书馆服务体系的可持续发展提供相应的服务保障。

**（四）完善人性化管理制度，营造服务氛围**

人性化服务制度的构建能在制度体系的建设实践中展现出人文关怀，有助于促进图书馆综合化服务工作的全面创新，对服务效能的发挥产生着重要的影响。因此，在新时代背景下，公共图书馆在实际推进服务制度建设的过程中，应该尽快构建人性化服务方面的规章制度，保障促进人性化服务工作的规范化开展，促进可持续发展模式的系统构建。一方面，公共图书馆在变革管理制度的过程中，可以尝试引入人性化的用人制度，在实际管理人才队伍的过程中，有意识地践行能力本位的思想，择优选拔高素质的图书馆管理人员，在人性化管理的作用下，提高人才对图书馆服务工作的认同感和归属感，使他们能积极主动地完成各项工作任务，在有利于人才成长的工作氛围和工作空间中，彰显人才优势，切实促进公共图书馆综合服务能力的全面提升。同时，在建设和开发人性化用人制度的过程中，可以有意识地落实定岗制度、选岗制度等，促进绩效考核体系的贯彻落实，在图书馆管理中实践尊重职工、关怀职工的发展理念；在制订图书馆管理方案方面，推进民主决策工作的落实，引导图书管理人员对图书馆管理和服务工作的开展献言献策，展现人性化的管理优势，促进图书馆民主管理和民主决策工作科学化开展、系统化推进。另一方面，积极践行目标责任制思想，以人性化管理理念的应用对人才、管理进行变革，积极探索尊重知识、尊重人才、管理服务理念的彰显和弘扬，从多角度促进人才管理工作的全面创新，使管理工作的开展彰显巨大的影响力，为图书馆服务体系的构建提供有力支持。在此过程中，促进人性化管理制度体系的构建，能在图书馆公共文化服务体系建设实践中营造相对积极健康的工作氛围，展现制度优势，在人性化管理理念的引领和支撑下助力公共图书馆管理和服务的高质量发展。

### （五）挖掘人性化服务细节，提高服务水平

公共图书馆在对管理服务进行全面创新的过程中，关注人性化服务细节的挖掘，促进人性化服务细节在服务工作中的有效应用，显著提高公共图书馆的综合服务效果，使服务工作的开展得到群众的支持和认可。在实际开发公共图书馆创新服务的过程中，公共图书馆要深刻认识到现代信息技术、网络技术对服务工作产生的影响，以及构建信息化服务体系和人性化服务模式的重要作用，因此，在实际对公共图书馆服务工作进行改进和创新的过程中，要注意积极探索现代信息技术和先进设备的应用，构建新的服务组织体系，保障关注服

务细节，实现人性化服务的有效实施。

　　一方面，在公共图书馆的实体场馆中要积极探索人性化设备的应用和技术的创新，结合图书馆建设的发展需求及开展多元化服务的现实需要，在实际对管理和服务工作进行创新的过程中，要重点对先进设备和自动化控制系统、自助服务系统进行开发，为读者参与图书馆阅读服务创造便利。如重庆图书馆新馆在服务设施的建设方面就引入了人性化服务的思想，读者在对书籍信息进行查询的过程中，只要在电脑中输入图书信息，图书馆中的自动控制系统就能筛选图书，并借助现代化的仪器运送到读者面前，全程服务自动化、智能化，不仅能实现对人力成本的有效控制，还能使读者感受到图书馆服务的人文关怀。

　　另一方面，在对公共图书馆读者服务进行全面创新的过程中，重点促进现代信息化网络技术、大数据技术的有效应用，在实际工作中不仅要分析新时代背景下读者阅读服务需求的动态变化情况，还要在信息平台的支撑下构建能与读者互动的服务模式，及时按照读者需求的变化调整服务工作，为读者群体制订针对性的服务方案，为读者提供更加自由的交流空间和学习空间，切实彰显公共图书馆读者服务的价值。关注服务细节，创新服务模式，在公共图书馆建设的发展实践中形成可持续发展的服务体系，增强管理服务工作的整体发展效能，保障公共图书馆建设工作的开展能上升到一个新台阶。

# 第十章 近年来我国公共图书馆服务体系的主要案例

## 第一节 杭州市公共图书馆服务体系的建设

杭州市在特色图书馆服务体系的构建上具有一定的特色优势，在研究我国公共图书馆服务体系建设发展状态的前提下，重点尝试从杭州市对公共图书馆服务体系的探索和系统构建入手进行研究。

### 一、杭州市公共图书馆服务体系的建设现状

图书馆公共文化服务体系的构建是全面推进社会公共文化服务体系建设的重要基础性工作，对区域范围内公共文化服务事业的建设发展产生积极的影响，有助于提高图书馆建设发展效能，为信息时代背景下图书馆事业的稳定发展奠定基础。杭州市在推进公共图书馆文化服务体系建设的过程中，整合杭州市文化服务工作的建设号召，创新具体的建设方案，为全新文化服务体系的系统构建奠定了基础。具体分析，在杭州市公共图书馆服务的建设实践中，积极响应国家关于公共文化事业建设发展的政策规划需求，从 2004 年开始就已经在图书馆服务体系建设方面做出了相应的探索，以杭州市图书馆为中心，区县

图书馆为分中心，基层、乡镇文化站、文化室等为基层服务中心，构建了能提供多层次服务的公共图书馆综合化服务体系，建设和完善区域性图书馆服务网络，在全市范围内实现对图书文献资源、信息资源的共建共享，尽可能为读者群体提供高质量的阅读服务。

现阶段，随着时代的发展和社会的进步，杭州市已经在公共图书馆文化服务网络建设方面有了多元化的探索，全市公共图书馆以及街道乡镇图书馆的数量逐渐增多，还构建了多元化的特色社区图书室，在杭州市图书馆服务体系中打造了特色的图书馆联盟，在图书馆综合服务工作中凸显服务的层次性、体系性，拓展综合服务的覆盖范围，保障资源利用率得到显著提升。在杭州市对公共图书馆服务体系的建设实践中，将公共图书资源与"一证通"运行体系有机整合，还为读者群体发放了统一的借阅卡，以方便读者群体查询和借阅相关文献资源，助力读者群体主动参与到阅读活动中，增强个人的综合素质。在此过程中，杭州市公共图书馆服务体系的建设凸显特色，发挥服务体系的建设作用，为图书馆系统的构建提供良好的支持，切实优化公共图书馆服务工作的综合影响力。

## 二、杭州市公共图书馆服务体系建设存在的问题

近几年，杭州市紧密结合浙江省全面推进文化大省建设的决策部署，将全面推进杭州文化名城建设作为主要的战略发展目标，将公共文化服务体系的构建作为重点，采取多种方案全力推动公共图书馆事业的建设和开发，使图书馆总分馆制建设形成了体系化的发展模式。杭州市现阶段已经有十多家公共图书馆、2000 多家乡镇分馆和图书流通点，初步形成了多层次的图书馆服务网络和服务格局，综合服务效能不断增强，但杭州市公共图书馆对文化服务体系的建设和探索仍然处于初期阶段，基层图书馆建设力量薄弱的问题较为严重，部分基层流通图书馆的作用发挥受到限制，甚至有些基层图书流通点建设名存实亡，运行保障资金也相对缺乏，导致现有的图书馆服务体系无法实现高效化运行的目标，尚未建设成具备一定优势的图书馆总分馆制管理和服务体系。综合分析杭州市公共图书馆服务体系当前建设的基本情况，发现建设实践中仍然存

在以下较为明显的问题。

### （一）公共图书馆服务体系建设存在体制障碍

杭州市图书馆在总分馆体制服务体系建设中最主要的不良影响因素和制约因素就是体制障碍，在体制障碍的影响下，各项建设工作的开展受到严重冲击，图书馆建设工作开展的效果不理想，甚至出现了建设效能无法充分发挥的问题。具体来说，图书馆总分馆体制建设规律明确要求，在建设实践中要想充分发挥总分馆制的优势和作用，就要做到人力、财力和物力在建设实践中的高度统一，践行行政分级管理的思想，使财政管理方面的矛盾得到有效处理。虽然在杭州市公共图书馆的建设过程中，建设人员已经针对体制障碍形成了初步的认识，但要想实际对体制障碍进行处理并高效化完成建设任务，却存在较大的难度。当前杭州市为了能充分发挥总分馆体制的建设效用，促进综合服务成效的全面提升，在总分馆制建设方面已经有了相应的探索，还在理论方面提出了有效解决体制障碍的设想，但在实际推进建设工作的过程中，各方面的建设人员和管理人员尚未达成共识，杭州市地方政府对公共图书馆服务管理模式构建的重要性认识不统一，对总分馆制的支持力度也存在明显差异，造成了分级管理松散、工作人员积极性不足、中心馆与分馆沟通不到位等问题，严重降低了整个系统的运作效率，对图书馆总分馆制建设工作的科学化发展造成了严重的冲击。

### （二）区级图书馆建设能力与地位不对应

杭州市图书馆按照中心馆与分馆综合建设的思想开展各项图书馆综合服务体系的建设工作，确定了区级图书馆在公共图书馆服务网络中的地位和重要性，要求各区图书馆在上级部门的领导和杭州市图书馆的统一规划下，结合本区特色优势对服务工作进行开发，在各自区域内促进图书馆阅读服务网络体系的构建，保障对街道分馆及社区图书流通点的建设负责，行使协调、监督、管理和引导方面的职能，优化创新杭州地区公共图书馆建设发展的综合成效。在此情况下，杭州市图书馆服务体系的建设却出现了偏差，区域性图书馆的建设逐渐偏离初步建设思路，无法有效发挥作用，导致杭州市公共图书馆服务体系的构建产生了一定的不良影响。首先，当前区级图书馆建设实践中存在人员数量不足和人员结构不合理的问题，杭州市对公共图书馆服务体系的构建坚持开放的思想，并经过近几年的实践探索，对图书馆的地位和作用已经有了明确的定位，使区级图书馆能在图书馆服务体系中发挥协调和促进的作用。但在实际推进建设的过程中，存在工作人员队伍建设偏差的问题，现有图书馆服务组织队伍无法结合杭州市图书馆综合管理模式的构建进行分析，整体建设能力不足，无法进一步发挥重要作用，未能推动杭州市图书馆建设事业的稳定发展，也会对读者服务工作的开展造成冲击，无法保障杭州市图书馆体系的整体建设效果，甚至会对图书馆服务效能的彰显产生严重的消极影响。

**（三）街道社区图书室建设定位不准确**

在杭州市图书馆综合服务体系中，街道社区图书馆和流动的图书服务网点是图书馆服务基层、向社会大众生活延伸的重要手段，也是对图书馆综合服务体系进行建设和完善的主要手段。但在杭州市图书馆服务体系的建设实践中，虽然现阶段已经尝试构建了多层级的图书馆管理和服务工作体系，仍然存在街道、社区图书馆服务点建设数量增加、服务效能受限的问题，街道社区图书馆数量显著增加，街道社区基层图书馆服务工作的情况却没有得到明显改善，而在开展调查研究后发现，杭州市街道和社区图书馆运营的状态不理想，现阶段基层图书馆没有实现对市民群体的全面覆盖，基层图书馆人员的工作意识和服务意识不足，没有按照读者需求开展人性化的服务，现有图书馆管理者队伍缺乏稳定性，再加上图书馆建设经费缺乏的问题较为严重，无法保障工作的持续推进，也会对街道社区公共阅览室的建设产生一定的冲击。从这一点能看出，杭州市公共图书馆文化服务体系的建设仍然存在一定的局限性，无法保障各项建设工作高水平推进，甚至也对图书馆综合文化服务建设事业的稳定发展产生严重的制约作用。

## 三、杭州市公共图书馆文化服务体系的建设措施

从我国全面推进公共文化服务体系建设工作开始，杭州市就从不同的方面

进行了多元化的探索，图书馆综合服务水平明显提升。结合先进建设理念的指导和建设模式的全面创新，杭州市公共图书馆在新时期探索服务体系创新的过程中，重点对当前存在的问题进行探究，制订针对性的改进方案，凸显杭州市图书馆服务体系的建设发展质量。

### （一）发挥政府主导作用，逐步解决体制问题

推进公益性文化服务体系的建设是杭州市政府的尝试和探索，是杭州市文化主管部门基于促进杭州市公共文化服务事业发展提出的文化服务建设措施。而对于公共图书馆文化服务体系的建设而言，由于公共图书馆服务工作的开展具有一定的公益性特点，而公益性文化服务主要是政府部门的工作职责，因而从公共图书馆的自身性质看，政府部门对公共文化服务工作的规划和管理具有主导性的作用。因此，在对公共图书馆文化服务工作进行全面改进的过程中，要重点发挥政府的主导作用，在政府的积极带领和系统规划下，在杭州市城市建设范围内为公共图书馆服务工作的改进和创新营造健康的环境，使公共图书馆文化服务体系的构建成为图书馆文化服务领域、城市文化建设领域的发展共识，从而带动杭州市周边地区在政府的主导下主动探寻新公共图书馆服务模式的构建，形成统一规范的图书馆管理和服务体系。

在政府主导的作用下，杭州市公共图书馆服务体系的构建能产生自上而下的一体性服务工作的特点，公共图书馆服务工作的开展也能具备完善的理论基础和发展理念，能秉承为人民服务、为群众服务的思想理念对服务管理工作进行创新，从而使公共图书馆服务工作的开展与社会组织、与人民群众紧密地联系在一起，获得群众的支持和认可。在此过程中，强调政府的主导作用，对政府在基层图书馆开发和运转方面的责任、义务进行准确定位，也能最大限度地激发公共图书馆文化服务产生的社会效益，使政府可以主动处理杭州市图书馆总分馆制建设方面的体制障碍，出台针对性的管理体制和管理政策，为公共图书馆服务体系的构建营造健康的政策环境和强有力的保障机制，切实促进公共图书馆事业能实现可持续发展的目标，积极引导图书馆工作的全面创新。

### （二）工作重心下移，建设科学分级管理模式

杭州市图书馆服务体系的构建存在区级图书馆定位不准确，自身能力与定位无法适应等问题，对区级图书馆管理服务进行调整，制订工作重心下移的方案，使杭州市在全面推进公共图书馆服务体系建设的过程中，重点关注基层图书馆单位工作的组织推进，打造科学化的分级管理模式，有助于有效处理当前图书馆综合服务工作中存在的问题。

1. 强调区级图书馆在杭州市公共图书馆服务体系中的关键地位

杭州市公共图书馆在探索总分馆制管理服务体系的过程中，要正确定位区级图书馆在分级管理中的重要地位和作用，进一步强调区级图书馆管理服务工作的价值和作用，为总分馆制的科学推进奠定基础。具体来说，杭州市图书馆在对服务模式进行全面创新的过程中，逐渐呈现出开放化的发展状态，各街道社区图书流通服务点的数量进一步增加，杭州市图书馆作为中心馆，管理大量图书馆服务点的难度加大，无法实现对基层图书馆的有效控制。在此情况下，为了提高分级管理的有效性和客观性，在践行总分馆制的基础上，杭州市公共图书馆服务体系的构建还应该重点突出区级图书馆的重要地位和作用，赋予区级图书馆一定的管理自主权，使区级图书馆参与到社区、街道流通服务点的管理和规划上，形成多级互动的管理模式，保障能借助层层管理体系的构建，形成更加完善、系统的图书馆服务体系，促进管理工作的有效创新，增强杭州市公共图书馆服务的综合管理效能。

2. 践行服务均等化思想促进区级图书馆的合理规划布局

新时代背景下，国家提出图书馆服务体系的构建应该坚持服务均衡化的原则，在服务均等化理念的指导下促进图书馆合理布局，对各项管理和服务工作进行创新。在此背景下，杭州市区级图书馆建设在发展实践中，要注意践行服务均衡化的思想，对综合布局进行调整和规划，在免费、平等的建设理念的支持和引领下，有意识地对服务模式进行创新，保障能推动杭州地区公共图书馆服务公约的落实，能在区级图书馆服务规划的实践中，将区域范围内各个类型的图书馆联合在一起，形成免费、开放、自由、平等的图书馆发展理念，促进服务点建设工作系统的推进。同时，基于服务均等化思想的指导，杭州市图书

馆探索多元化、特色化阅读服务网点的构建，能对图书馆综合服务资源进行整合和创新，也能促进图书馆体制机制建设的优化开展，平衡区域服务需求与区级图书馆建设之间的关系，真正做到让更多的人享受更好的服务，切实彰显图书馆服务工作的整体价值，使图书馆综合服务工作的作用得到进一步彰显。

3. 打破部门界限，为区级图书馆赋权，提升区级图书馆的综合管理能力

区级图书馆服务能力的提升和管理模式的创新与杭州市公共图书馆建设发展体系的系统构建联系相对较为紧密。在新时期公共图书馆建设发展实践中，要重点对公共图书馆服务能力和管理能力进行开发，使其能更好地彰显自己的价值，能在协助杭州市图书馆管理创新的同时，形成对街道、社区图书馆的引领作用，优化创新区级图书馆的综合管理和服务体系。在实际工作中，区级图书馆服务体系构建应该针对公共图书馆作为辖区信息中心、文献资源中心的价值进行准确定位，从而为区域图书馆系统赋权，提高区级图书馆的行政管理级别，市图书馆能结合自身发展需求及街道、社区图书管理工作的现实需要，制订个性化的管理方案，形成自主化的管理体系，使区域图书馆的管理效能得到进一步彰显。在实际工作中，可以尝试成立区级图书馆建设协调组织，由专门的文化部门管理人员领导，按照区级图书馆阅读服务的推广和应用对管理服务进行系统开发，明确图书馆服务工作的侧重点，在自主管理和服务创新的基础上形成完善的管理服务体系，彰显服务效能，为杭州市公共图书馆整体服务工作的系统创新和全面发展助力，加快杭州市公共图书馆建设发展的整体进程。

4. 挖掘特色资源，彰显区级图书馆服务特色

区级图书馆管理服务工作的开展需要特色的管理模式作为支撑，只有在杭州市公共图书馆服务体系建设实践中，能有意识地引领特色图书馆的建设，开发区域图书馆特色管理服务模式，才能形成良好的图书馆综合管理效能，全面提高区级图书馆建设和发展的综合效果。因此，在区级图书馆建设实践中，要重点对特色资源进行系统开发，形成特色的资源服务体系，为区域范围内的读者提供针对性、有效性的服务，保障服务工作的开展能得到各区域服务对象的高度认可。杭州市临安区区级图书馆就将打造特色农家书屋作为切入点，从农村群众文化生活入手，保障农民均等化获得文化服务的权益，根据临安区大部分群众经营农家乐的特点，因地制宜地对服务进行探索，开发了农家书屋进入

农家乐的发展模式，在各个自然村成立农家书屋角，调查群众喜欢的书籍，优化服务供给，定期为当地群众和游客提供调整书籍和供给资源的服务，方便群众能全方位参与到阅读实践中，彰显农家乐农家书屋的应用价值，增强图书资源的利用率。同时，在农家乐农家书屋的运行方面，农家乐户主和地区图书管理人员共同对农家书屋进行管理，显著增强管理服务的便利性和系统性，也能进一步彰显农家书屋服务工作的价值和作用。

### （三）关注质量提升，打造高品质街道社区图书馆

街道社区图书馆是杭州市公共图书馆管理和服务体系中的重要组成部分，在对图书馆建设发展模式进行创新的过程中，关注管理质量的提升，促进高品质街道、社区图书馆的打造，形成街道、社区图书管理服务的模范作用，提高街道社区图书文献服务的综合效果。现阶段，杭州市街道社区图书馆管理工作的开展仍然由区级图书馆负责，街道图书馆还没有独立参与社区图书馆建设管理的能力，因而为了增强街道图书馆的服务能力，使街道图书馆能参与到社区图书馆的服务建设发展实践中，还需要重点针对街道图书馆管理服务的创新进行分析，突出街道图书馆管理和服务工作的建设重点，对各项管理工作进行系统的整合和规划，确保能突出强调街道图书馆的地位和功能，引领社区图书馆的建设和开展，为社区图书馆服务效能的发挥提供良好的支持。同时，要注意确定社区图书室在服务基层群众阅读方面的重要地位和作用，深刻认识到在杭州市公共图书馆服务体系中，社区图书馆是整合服务体系中的薄弱环节，只有改善社区图书馆的综合服务现状，才能在图书馆服务体系建设的过程中夯实文化服务的根基，让市民在家门口就能享受图书阅读和文献资源服务。在实际推进社区图书馆服务体系建设的过程中，要注意结合杭州市图书馆服务体系建设发展的基本情况，明确社区图书馆建设的场所要求、资金需求、服务需求、人才需求等，制订统一化的建设标准和资源供给方案，使社区图书馆服务工作的开展能与街道图书馆、区级图书馆、杭州市公共图书馆工作的开展紧密联系在一起，最大程度地彰显社区图书馆的综合服务价值，为杭州市图书馆综合服务体系的构建给出积极的指引。

# 第二节　天津市公共图书馆服务体系的建设

在党的十九大背景下，中国特色社会主义文化体系的构建引起广泛关注，为了响应党中央的号召，天津市文化局在推进公共文化服务体系建设方面进行了多元化的探索，2017 年发布了《关于推进天津市区级文化馆图书馆总分馆制建设的实施意见》（津文广规〔2017〕9 号）重要文件，还促进《天津市公共文化体系建设"2020—2025"行动规划》在公共图书馆管理服务体系中的贯彻落实，有意识地推动公共图书馆服务模式的全面创新，使天津市公共图书馆建设工作的开展取得了良好的发展成效。

## 一、天津市公共图书馆总分馆制建设内容

公共图书馆管理方面总分馆制的建设和实施最早出现于西方社会，在运行总分馆模式的情况下，中心馆能对其他分馆实施统一的管理和规范，也能促进资源的共建共享，实现服务管理的创新，形成图书馆管理服务方面的系统性作用，构建高效化的多层级管理体系，使公共图书馆的综合服务效能得到进一步增强。天津市将总分馆制的建设作为切入点，在建设实践中结合各方面的工作情况，进行了多元化的探索，为总分馆制的有效组织实施提供了良好的支持。现阶段，天津市辖区范围内已经构建了多个区级公共图书馆，能实现对 246 个街道、乡镇的全面覆盖，还能向 5335 个社区、村级服务点延伸，解决 1576.52 万人阅读难的问题，明显提升综合服务效能。现阶段，针对天津市对于总分馆制的探索和实践进行分析，天津市政府从宏观上对天津市图书馆总分馆制的建设负责，重点开展天津市公共图书馆总分馆制的建设规范、运行机制建设，并对总分馆制度的运行实施定期和非定期的检查，确保及时发现存在的问题，积极引导总分馆制建设的科学创新和系统开展。各区级政府是管理公共图书馆总分馆制具体工作的主体，也是保障图书馆总分馆制有效实施的核心，在助力天

津市公共图书馆总分馆制建设方面，区政府的重点工作就是结合公共图书馆的建设发展需求，促进政府、群众及社会组织之间形成良好的互动关系，调动各方力量对区级图书馆、街道社区图书馆等服务资源进行优化，满足辖区范围内读者群体的阅读服务需求，在促进公共文化服务体系创新发展的基础上，使公众更好地参与到图书馆管理实践中，提高图书馆的综合管理成效。

## 二、天津市公共图书馆服务模式创新建议

在新时代背景下，为了使服务工作的开展凸显"普惠性、共享性、便捷性"等特点，天津市公共图书馆形成区级图书馆和街道图书馆联合的总分馆制度，促进图书馆服务工作的创新发展，在建设实践中给出以下建议。

### （一）鼓励支持社会力量参与，打造"政府＋社会力量"建设系统

区级公共图书馆和街道、乡镇图书馆在建设过程中能否实现对建设资源的优化配置，怎样向社会大众提供多元化的文化产品和服务，是公共图书馆在推进文化服务建设方面需要重点探究的内容。当前，天津市公共图书馆服务体系建设在区政府和乡镇政府的共同支持和引导下，将保障群众均等化的文化服务需求作为核心思想，在建立完善的公共文化图书馆资源供给制度方面进行了相应的探索，将文化资源供给和共享制度服务体系的建设作为主要任务。近几年，随着天津市相关部门的积极培育和管理工作的全面创新，天津市文化类型的社会组织不断发展和壮大，甚至有一些社会组织已经逐渐参与到天津市公共图书馆服务设施建设和服务系统建设上，为服务资源的供给和共享创造了有利条件。天津市文化主管部门深刻认识到，虽然天津市引领社会力量参与到公共图书馆文化服务建设领域，图书馆建设的影响力和建设动力有所提升，但是受到天津社会组织缓慢参与图书馆服务体系建设的影响，现有社会组织还无法在推动天津市公共图书馆服务体系建设方面发挥出关键性的作用，这就要求天津市对于公共图书馆服务体系的构建采用鼓励和支持的措施，构建政府引导社会力量积极配合的综合建设体系和资源供给体系，并引导社会力量采用合适的方法参与到建设实践中，文化主管部门也应该对社会力量的参与实施强化监管，

保障充分发挥社会力量的重要作用，助力天津市公共图书馆服务建设实现长效化发展的目标。

### （二）打造线上服务平台，开发"互联网+"发展模式

在信息时代背景下，要关注区级图书馆与街道、乡镇图书馆、文化站之间的联系，促进线上服务平台的设计和开发，保障能够开发"互联网+"发展模式，带动天津市公共图书馆服务体系的建设实现信息化发展。

#### 1. 建设信息化、网络化的图书馆服务资源供给机制

针对当前公共图书馆管理机制建设方面存在的缺陷和不足，天津市在推进公共图书馆服务体系建设的过程中，要深刻认识公共图书馆与街道文化站、乡镇文化站之间的关系，能对资源的流通进行准确定位，以此为基础结合信息技术的应用构建线上服务平台，借助网络体系的支撑实现区级图书馆资源与街道图书馆、乡镇文化站资源之间的多元互动，增强资源供给效果和资源共享效果。同时，区级公共图书馆对资源的获取，还可以借鉴 Facebook 平台的基本运作模式，针对服务对象的个体数据进行整合处理，在数据技术的支撑下对服务对象的工作需求进行准确定位，并为服务对象提供相应的文献资源，方便读者对资源进行获取和利用，增强读者服务的便利性和高效性，体现图书馆综合服务的人性化特点。在此基础上，为了能提高现有借还书服务系统的效果，促进图书流通实现无障碍设置的目标，在搭建信息化服务平台和服务资源供给机制的过程中，还可以引入第三方服务系统建设，促进线上认证、信用管理及逾期扣款等服务的贯彻落实，真正彰显服务的严谨性，提升服务效能。

天津市对于公共图书馆服务体系的构建，不仅要打造线上综合服务平台，引入人工智能技术、大数据分析技术，构建总分馆制综合服务体系，还能尝试将信息技术、人工智能技术、大数据技术等与公共图书馆文化资源共享机制、资源供给机制进行有机整合，发挥大数据资源的支撑作用，挖掘读者行为数据之间的关联性，智能化感知读者的多层次行为需求，从而精准定位读者群体的服务需求，为读者服务提供更多选择空间，帮助读者获得良好的阅读体验，使图书馆馆藏文献资源的价值得到充分彰显，进一步推动公共图书馆服务影响力的逐步优化。

### 2. 完善阅读服务的奖励激励机制

有效的阅读奖励激发能调动读者群体参与阅读的积极性，对阅读推广服务工作的开展产生积极的影响，有助于促进阅读推广服务的全面创新。在天津市公共图书馆的建设发展实践中，构建阅读奖励激励机制，设置具体的奖励，形成激励作用，增强服务工作的综合效果。一方面，可以设置实物奖励，完善激励机制。在工作中对数字阅读推广服务的特性进行充分挖掘，通过实物奖励的设置吸引更多读者参与到阅读活动中，读者能借助有效的阅读获取积分，兑换实体书籍或充值话费等，并积极评选阅读之星，为他们提供随机的实物奖励，真正彰显公共图书馆文化服务建设的优势，增强服务供给的普惠性特点。另一方面，可以设置虚拟奖励机制，完善激励机制。在采用虚拟奖励激励学生有效阅读的过程中，天津市公共图书馆可以借鉴其他行业的积分效用，形成积分奖励机制，读者按照阅读次数获取积分，积分越多，能够享受的虚拟服务越多，如可享受借书卡免押金权限、重点活动专属通知和引导权限等，还能获得多种称号、电子徽章等，激发读者群体的参与积极性，在天津市营造良好的全民阅读氛围，彰显阅读推广服务工作的整体价值。

### （三）完善公众评价机制，开发文化服务我最棒模式

在对服务进行创新的过程中，天津市公共图书馆引入公众满意度评价机制，根据公众的评价对服务工作进行改进和调整，使服务工作的开展契合受众的需求，体现区域特色，增强服务工作的综合效果。

### 1. 强调公众话语权，凸显公众评价的影响力

在天津市公共图书馆服务体系建设的实践中，为了能使各项服务工作的开展与读者群体的需求有效对接，就要促进公众满意度评价机制的构建，在评价体系中对公众在公共图书馆文化投入方面的话语权进行准确定位。一方面，天津市区级公共图书馆与乡镇、街道文化站可以构建订单式服务体系，在在线服务平台的支撑下，公众能选择自己喜欢的书籍进行阅读，并将图书信息发送到图书馆信息处理系统，公共图书馆对馆藏图书的范围进行智能化确定，帮助读者群体获取图书文献资源，促进馆藏资源利用率和流通率的明显提升。另一方面，街道、乡镇文化服务站可以结合图书馆免费开放的时间

进行动态化的调整，在达到免费开放时间要求的基础上，按照区域范围内公众的阅读需求对免费开放的时间进行灵活的调整，使服务工作的开展能获得读者群体的认可。

### 2. 优化信息服务质量，促进服务工作高效化开展

天津市公共图书馆在对服务模式进行创新的过程中，有意识地加强对公共图书馆与街道、乡镇文化站及图书馆的管理，对基础设施进行完善，并重点针对馆藏文献资源的管理和利用制订合理化的保护方案和保护体系，确保公共图书馆服务系统能够稳定规范运行。同时，促进阅读室、自习室等公共空间管理服务的创新，切实凸显服务特色。在探索个性化服务体系建设的过程中，天津市公共图书馆还要注意确定公共图书馆与街道、镇文化站之间服务的联系，按照未成年群体、残疾人群体、老年人群体的阅读需求等，制订多元化、差异化的阅读推广服务方案，免费开放设备要关注老年人群体和残疾人群体的特殊性，免费开放时间要兼顾学生群体时间的特殊性，并注意构建专门的学生陪伴服务，按照不同年龄段学生的阅读特点和规律，向他们推荐相关书籍，加强对学生群体的管理，使图书馆的文化服务功能得到进一步优化。

### 3. 提高公众满意度评价所占权重

按照公众满意度评价结果对服务工作的组织实施进行动态化的调整。天津市公共图书馆对综合文化服务体系的构建，要注意能够准确定位公众的服务需求，并对公众满意度情况进行全面的评价，为公众提供提出意见和建议的渠道，加强考核体系的构建，确保能真正设置公共图书馆、街道、乡镇图书馆文化服务体系，全面提升公众文化服务工作的整体效果，提高我国公共文化服务工作的整体发展水平。

## 三、天津市公共图书馆数字化服务模式的探索

天津市公共图书馆服务体系建设实践要准确分析信息时代的影响，并结合影响对数字化服务模式进行建设和创新，彰显数字化综合服务的优势，为天津市公共图书馆探索现代化建设开辟创新、高效的发展路径。

### （一）展现数字优势，落实数字阅读推广

在信息时代和数字时代的背景下，图书馆数字阅读服务工作的开展已经逐渐成为支撑全民阅读推广工作的重要载体和力量，并随着移动互联网的发展及智能手机的普及应用，数字阅读的人数、阅读时长都表现出了急剧变化和高速、迅猛增长的发展态势，对各地区公共图书馆服务体系的构建产生了巨大的影响。天津市图书馆也准确把握数字时代图书馆的建设发展方向，对数字阅读推广的新形势进行系统的分析，积极探索数字阅读推广服务的开发，先后搭建了天津公共图书馆电子图书共享系统、优阅数字图书馆、云图数字有声图书馆等平台，支持读者参与阅读活动，在为读者群体提供高质量数字阅读服务的同时，适当地对读者自助阅读服务进行全面的、系统的开发，丰富图书馆的服务模式，对公共图书馆服务空间进行有效拓展和延伸，从而实现对图书馆数字文献资源的高度开发和高效利用，真正在平台系统的支撑下为公共图书馆的读者群体提供特色服务和高效服务，打造立体化的综合服务模式。例如，天津市公共图书馆在 2019 年 5 月组织开展科技活动周系列活动，为了能对数字阅读推广服务进行改进和创新，管理人员就提出在活动中引入虚拟现实技术，打造数字化的阅读推广服务，将新技术与阅读服务紧密融合在一起，让读者能获得个性化的阅读互动体验和深度阅读体验，增强读者群体对公共图书馆阅读服务的理解和认识，从而在数字时代背景下为公共图书馆阅读服务的发展探寻新方向和新路径，有效加快天津市公共图书馆服务工作的开展进程。

### （二）打造服务品牌，设计主题阅读服务

在探索数字化阅读服务模式建设的过程中，天津市公共图书馆要想全面提升数字化阅读推广服务工作的综合影响力，彰显公共图书馆综合服务的价值，可以在实际对阅读服务进行改进和创新的过程中，结合数字阅读的开发打造阅读服务品牌、凸显阅读服务的品质优势，设计和实施主题阅读服务，全面提升图书馆阅读服务活动的整体水平。在实际工作中，天津市公共图书馆应该对自身品牌、地域、信息技术等优势进行客观分析，对数字阅读推广服务进行开发，在线组织开展经典诵读视频分享活动、直播公益文化讲座活动、万卷阅读

竞答活动等，在一系列主题活动的支撑下凸显天津市公共图书馆数字化服务建设方面的优势，全面提升公共图书馆服务建设的综合影响力，从而帮助读者群体在数字阅读实践中获得良好的阅读感悟和阅读体验。例如，2019 年天津市公共图书馆就面向社区、街道等开展了乡土阅读服务工作，建设和开发线上线下的服务模式和服务体系，并逐步结合天津市社会大众阅读服务的现实需求，构建了内涵丰富、覆盖面广、技术先进的综合公共文化阅读服务平台和信息共享传播平台，以彰显天津市公共图书馆阅读服务的整体影响力，加快天津市公共图书馆服务工作的整体效果。

### （三）开展需求分析，开发个性化阅读服务

在全民阅读的环境下，天津市公共图书馆对于数字化服务模式和服务体系的构建，要坚持最基本的读者需求导向，真正按照社会大众对数字阅读的需求和兴趣，激活群众主动阅读的内生动力，从而借助个性化阅读服务工作的开展，进一步优化读者群体对服务工作的满意度。具体分析，天津市公共图书馆在对数字化、个性化阅读推广服务进行开发的过程中，会有意识地发挥网络优势，整合数字化阅读空间中的数据，并开发能向数字空间延伸的阅读服务体系，构建"互联网＋阅读服务"的新发展模式，为图书馆个性化阅读服务体系的系统构建奠定坚实的基础，保障阅读服务体系的构建能吸引群众的注意力，使他们主动参与到阅读学习活动中，形成良好的图书馆阅读服务效应。

在工作实践中，为了能让天津市的读者群体获得个性化、多元化的服务，天津市公共图书馆从 2015 年开始就已经针对"百姓选书我买单"打造了微信服务平台，对读者群体进行细分，按照读者群体的需求提供相应的服务，增强服务的综合发展效能。此外，值得一提的是，天津图书馆在对读者服务进行开发的过程中，还开发了少儿群体、残疾人群体服务体系的构建，构建了适应少儿阅读需求的学习一体机，提供了适应视力障碍人士的听书服务，将数字服务与图书馆实体服务紧密融合在一起，逐步形成数字化的综合阅读服务体系，使天津市图书馆阅读服务的特色和优势得到进一步彰显，为天津市公共图书馆服务体系的现代化构建和全面系统创新夯实受众基础。

### （四）整合信息资源，构建数字资源供给机制

公共图书馆数字化建设工作的开展需要将数字阅读平台作为支撑，也需要发挥丰富数字资源的保障作用，只有做到对数字资源的充分供给，才能按照读者群体的需求为他们提供相应的数字资源共享服务，让读者群体获得相应的阅读体验。天津市图书馆为了开发数字资源服务，在2019年12月探索了微信服务大厅的构建，不仅强化微信平台的功能，还适当地设置了线上活动服务、服务指南等不同的模块，让广大读者群体能更加全面地获取综合服务信息，形成良好的服务体验。

此外，天津市公共图书馆建设在发展实践中还有意识地开发"阅·听"微平台服务模式，在阅读资源供给方面整合大量音频资源、视频资源和文献资源，使读者能结合先进设备的支持，选择不同的方式获取图书馆文献资源信息，享受多重设备支持下的数字化服务和智能化服务，确保能发挥数字资源供给的优势，在图书馆服务运行方面为读者群体提供多元化的支持，切实提升天津市公共图书馆的整体服务效能，使数字服务体系的建设和应用能为公共图书馆探寻现代化发展路径开辟新的环境。

# 第三节　山西省公共图书馆服务体系的建设

## 一、山西省公共图书馆服务建设现状

山西省近几年为了响应国家的号召，积极推进图书馆服务模式的构建，并开发图书馆阅读推广服务，在新服务模式和服务体系建设方面进行了多元化的探索，现阶段，山西省公共图书馆服务体系的构建水平明显提升，阅读服务工作的影响力也得到了进一步的优化，但在开展公共图书馆服务体系建设的过程中，受到一些因素的制约，仍然存在建设效果不理想的问题，导致山西省公共

图书馆服务体系工作效能的发挥受到了严重的限制。

其一，图书馆设施陈旧。山西省公共图书馆在对综合服务体系进行创新的过程中，坚持传统的建设理念，没有重点对图书馆设施的建设进行分析，在信息时代背景下存在数字化设施、信息化设施建设不到位的情况，导致现有图书馆设施无法为图书馆建设事业的发展提供强有力的支持，甚至引发了图书馆综合服务效果下降的问题，对公共图书馆服务工作的创新发展产生一定的制约作用。

其二，图书馆经费相对较少，馆藏文献资源严重不足。结合山西省公共图书馆建设和发展的基本情况进行分析，能看出山西省在图书馆的建设发展实践中存在馆藏文献资源相对较少的情况，特别是建设经费准备不充分，无法支撑馆藏文献资源的供给，信息资源数据库体系的构建也存在一定的局限性，对图书馆管理工作的开展产生严重的不良影响，不利于促进图书馆综合管理工作的全面创新。

其三，专业图书馆建设人才不足，图书馆管理人员素质偏低。虽然山西省图书馆已经初步认识到高素质人才队伍建设的重要性，也在这方面进行了多元化的探索，但随着信息社会的发展和现代化服务体系的构建，山西省图书馆在构建人才队伍的过程中，遭遇了人才综合素质不足的问题，现有人才无法为山西省图书馆信息化建设提供有效支撑，而且部分工作人员对数字图书馆、信息化图书馆建设缺乏正确的认识，难以引入正确的理念和先进的技术开展图书馆综合管理工作的全面创新，也导致图书馆综合管理工作的开展产生不良影响，不利于图书馆发展实践中持续性、多元化、开放化、信息化的综合管理服务体系的系统构建。

其四，建设特色不突出，无法形成公共图书馆建设品牌效应。在全面推进公共图书馆现代化建设的过程中，山西省虽然有意识地结合本地区特色对图书馆的建设模式进行调整和优化，但挖掘得不够全面和系统，无法彰显山西地区图书馆的建设特色，而且部分图书馆服务工作的开展也不能满足山西地区群众的阅读服务需求，图书馆建设体系中服务效能的彰显受到影响，对图书馆品牌效应的形成产生了严重的制约作用，无法保障建设品牌的构建，也对山西省图书馆服务效能的彰显产生一定的冲击作用。

## 二、山西省公共图书馆多元化服务体系的建设

在探索服务体系建设的过程中，山西省公共图书馆借鉴国内外图书馆建设的成功经验，总结本地区的特色，构建了能彰显地区特色的多元化公共图书馆综合服务体系。

### （一）落实两级总分馆制度

结合在推进公共图书馆服务体系建设方面的实际情况和具体的工作方案，山西省在公共图书馆服务体系建设和探索的业务管理工作中引入了总分馆制，实施"省—市—县"和"县—乡（镇）—村"的两级总分馆制度，确保在实际开展服务管理工作的过程中，能保持现有图书馆行政隶属关系、人事隶属关系不变，并不调整经费来源和资源管理等，促进业务工作总分馆制度的落实，确保在公共图书馆综合服务体系的建设和发展实践中，能真正做到以山西省图书馆为总馆，以其他市区、县区公共图书馆以及其他类型图书馆为分馆，促进完善山西省公共图书馆文化服务体系的构建，能在管理网络中将山西省的图书馆紧密联系在一起，形成完善的服务网络体系。在两级总分馆制度的作用下，山西省图书馆服务体系在建设和运作方面对市县级公共图书馆管理工作进行创新，保障各级图书馆之间的文献资源的借阅管理实施统一，并有效促进区域范围内图书馆业务之间形成有机合作、多元联合的关系，对图书馆的文献资源、数据信息资源等实施统一的采购和开发，形成联合编目规划模式，借助山西省图书馆中心总馆的力量带动基层图书馆，发挥城市图书馆的作用促进基层农村图书馆协同建设和发展。

在构建两级总分馆制度的情况下，山西省在开展图书馆管理服务工作的过程中，能实现对图书馆文献资源的有机整合，还能促进数字资源的统筹规划，形成集群化的图书馆综合服务体系。此外，基于两级总分馆制度的构建和应用，山西省公共图书馆能搭建完善的系统服务平台，为各级图书馆管理工作的开展制定统一的标准、统一的检索系统等，也能构建山西省特色联合书目数据库，省级中心馆对各级分馆实施统一的组织管理和指导规划，还能对分馆管理人员实施规范化

的教育培训，保障能在统一管理的作用下形成统一编目、统一采购和配送的服务模式，保障图书资源能在各级图书馆之间有效流动，有效控制经费，增强管理效能，这样就能在两级总分馆制度有效实施的基础上，切实推动山西省公共图书馆综合服务效能的提升，使图书馆在管理实践中解决经费不足的问题，保障各项建设工作有序开展，为基层群众提供良好的阅读推广服务。

### （二）打造跨系统图书馆联盟

关于区域性图书馆联盟服务体系的构建，欧美发达国家已经有了相应的探索，读者在一个图书馆登录，能直接访问公共图书馆的总数据库，并查询、借阅相关文献数据资源，而且各地区读者都能访问公共图书馆数据库，查询和应用相关数据库资源。在我国三个重要的图书馆服务体系中，高校图书馆与公共图书馆的馆藏文献书籍占有量最大，涉及的学科门类也相对较为齐全，现阶段已经形成了完善的读者群体。因此，高校图书馆和公共图书馆在建设发展实践中，应该重视文献信息的整合、基础设施的建设、读者资源的开发等工作的开展，促进优势互补服务体系的构建，从而实现双向资源的互动利用，在拓展服务范围和服务影响力的基础上，也保障资源的整合利用能取得良好的发展成效。在此背景下，山西省在探索公共图书馆文献资源服务体系建设的过程中，可以尝试借鉴吉林省在这方面积累的丰富经验，打造由公共图书馆和高校图书馆、科研单位图书馆整合而成的区域性图书馆联盟，在联盟框架内为读者群体提供图书资源的一站式查询、借阅服务，促使图书馆联盟之间实现优势互补和资源共建共享，提高图书馆服务体系的综合效果，助力阅读推广服务的全面创新。

山西省在实际加快跨系统图书馆联盟的工作中，可以针对现有科技文献资源平台开展各项建设工作，对全省范围内的公共图书馆网络资源服务体系进行建设和开发，保障跨系统图书馆联盟能形成建设优势，提高建设发展成效。在实际工作中，山西省科技厅、文化部等可以有意识地促进本省范围内区域性科技文献资源平台的建设，促进高校图书馆、公共图书馆及科研单位图书馆服务工作、资源供给的多元融合，实现对图书馆联盟内部成员馆之间的资源进行优势共享，切实增强服务工作的综合影响力。现阶段，随着对图书馆综合服务体系建设工作的重视，山西省在跨系统图书馆联盟方面已经进行了相应的实践探索，逐步对文理文献资源、医学文献资源、工学文献资源、经济文献资源、农业文献资源等实施统筹管理和规划，同时挖掘了山西省信息资源、数据资源的特色，搭建了云冈文化特色专题数据库、晋商文化特色专题数据库，为资源服务的供给奠定了坚实的基础。此外，在积极探索系统性图书馆联盟建设，开发图书馆联盟服务平台的过程中，山西省图书馆组织部门和平台管理部门，结合政府需求、群众需求，在平台上积极开发了企业资讯板块、科研信息检索板块、政策资讯板块及科技创新查询板块等，为全省范围内服务工作的有效推进创造便利；深入基层开展服务读者群体的工作，促使山西省图书馆服务工作的开展向基层延伸，切实提升服务工作的综合影响力，保障图书馆建设工作实现稳定、高效发展的目标。

**（三）开发行业分馆和专业分馆体系**

自 21 世纪以来，我国高度重视图书馆建设事业的发展，现阶段已经在图书馆事业建设实践中从多角度进行了相应的探索，而且国家图书馆部门与人事部联合开发人事部分馆后，国家发改委、民航局、财政部等也积极探索图书馆分馆的建设，为图书馆提供较为专业的服务创造了条件。在此基础上，公共图书馆建设在实践中，结合数据技术、数字技术的应用，以国家数字图书馆丰富资源为依托，设置了数字图书馆分馆，支持不同行业图书馆服务工作的开展，有效推动了图书馆服务向公安、工商等领域延伸，还结合了农业阅读推广服务的需求，探索了农业图书馆服务模式的构建。

在此背景下，山西省图书馆作为山西省区域范围内影响力最为明显的公共图书馆，重点开发自身综合服务能力，不仅关注党政机关服务工作的创新推进，也综合分析科研院所的服务需求，制订了针对性的服务方案，还关注社会大众阅读推广和信息查询服务工作的改进和创新，在探索行业分馆、专业分馆建设方面作出了不懈的努力，从 2010 年开始，山西省图书馆就积极探索了电科院分馆的建设，依托图书馆总分系统平台为电科院系统中的科研人员提供较为专业的信息服务。其后，山西省图书馆持续推进行业分馆和专业分馆的建设，为图书馆服务体系的全面构建提供了良好的支撑，有效增强了图书馆综合管理服务效果，为山西省图书馆在现代社会实现高效化发展和高质量发展创造了条件，也使图书馆的社会服务效能得到了全面的、系统的提升。

### （四）打造残疾人图书馆分馆

公共图书馆社会服务工作的开展一直秉承免费、平等的发展理念，在近几年的发展实践中，改进和创新综合发展模式，导入了无障碍思想和关注残疾人群体的思想，尝试结合残疾人的需求开展专业化的图书馆服务，全面促进图书馆综合服务模式的系统改革和创新，为图书馆综合服务体系的构建搭建了良好的发展平台。在此情况下，山西省图书馆积极主动践行无障碍思想和平等服务的理念，重点设计和开发山西省图书馆无障碍分馆，在建设实践中，不仅设置了盲道、轮椅坡道，还开辟了残疾人专用电梯设施、卫生间设施，也按照残疾人的阅读服务需求，引入了专门的服务资源，使残疾人读者能从图书馆、网络平台上查询和借阅文献数据、信息资源等，增强服务工作的综合效果。在此基础上，为了践行人性化的思想，山西省在设计和开发的过程中，还配置了品类齐全的辅助性物品，保障按照残疾人的阅读需求开展高质量的服务工作，如在借书卡上标注盲人信息，还提供了专门供盲人阅读的服务平台，向全省视力障碍群体开放，帮助他们解决阅读和学习方面的困难。在新时代发展实践中，山西省图书馆要想进一步突出服务残疾人群体阅读服务需求的特色，可以尝试加强与山西省特殊教育学校的联系，构建残疾人特色图书流动站，每半年或者三个月在学校里，轮换一次书籍，也可以搭建信息反馈平台，了解残疾人群体的阅读需求，尽量为他们提供针对性的服务，保障残疾人阅读服务工作和推广工作的开展能得到他们的认可，借助残疾人图书馆的构建形成图书馆综合辐射作用，切实增强图书馆建设服务的整体影响力，切实保障山西省图书馆公共文化服务工作实现创新发展的目标。

### （五）开发城市图书馆系统

山西省图书馆在建设、开发公共服务体系的过程中，有意识地借鉴其他省市图书馆的成功经验，引入多元化的服务建设思想，还在实际工作中整合深圳建设"图书馆之城"的服务模式，总结深圳地区建设图书馆之城服务体系的经验，对山西省图书馆建设服务模式进行创新，也尝试研究和开发图书馆自助申报借阅证、自助借还书、自助图书资源查询等，形成新的图书馆服务系统，打造太原市特色图书馆综合服务模式，逐步实现对图书馆综合服务的系统创新。在实际工作中，应该明确认识到太原市作为山西省省会城市，本身肩负着公共图书馆服务体系建设的职责，因而借鉴深圳图书馆之城的建设经验，对太原图书馆之城建设模式进行系统开发，打造太原市特色化的图书馆建设服务体系，构建与山西省图书馆服务需求相契合的服务体系，能彰显山西省公共图书馆建设发展的优势，有助于为陕西地区群众阅读需求的满足创造良好的条件。

### 三、山西省图书馆在公共文化服务建设方面的新尝试

从 2016 年开始，为了构建特色化的公共文化服务体系，促进山西省图书馆综合服务效能的全面提升，山西省在实际对图书馆公共文化服务体系进行建设的过程中，推出了"文化行三晋讲座走基层"的综合服务活动，开发特色服务项目，在公益精准服务、助力基层乡村振兴建设方面进行了多元化的探索。

#### （一）开发文旅融合发展模式

山西省图书馆领导在图书馆建设实践中，深刻认识到山西省图书馆服务工作的开展与山西省经济文化建设存在紧密的联系，要想发挥图书馆的综合服务效能，就要尝试从山西省图书馆服务经济文化体系的建设入手，从文旅开发的角度设计图书馆服务模式。在 2020 年，山西省图书馆组织开展了"追寻领袖足迹感悟使命情怀"专题活动，工作人员及图书馆的志愿者群体，前往云州区有机黄花标准种植基地开展服务工作，邀请专家人员讲解标准化种植技术知识、大同黄花的发展历史及发展路径等。在文旅融合开发的同时，还开发了"一入云冈门，一生云冈人"的图书馆专题讲座活动，邀请《云冈石窟全集》副主编作为讲座的嘉宾，为游客讲解云冈石窟的建设发展历史，使游客对云冈石窟的民族文化发展历程、佛教艺术发展历史及我国石刻艺术等产生新的认识和理解。借助特色文旅融合模式的开发，形成了新的综合服务体系，山西省公共图书馆服务工作的开展也得到了更多读者群体的支持。

### （二）打造精准扶贫新模块

山西省图书馆在对综合服务模式进行改进和创新的过程中，还尝试从精准扶贫入手开发服务模式，使服务工作的开展向乡村振兴和精准扶贫领域延伸。在实际工作中，山西省图书馆组织青年大学生群体深入贫困地区开展文化志愿服务，帮助贫困山区群众解决阅读难方面的问题。同时，针对贫困山区文化扶贫工作的开展落实社会调研工作，全方位解析贫困山区文化贫困的现状和存在的问题，并有计划地分析出现问题的原因，再结合各地区的实际发展情况，尝试制订文化扶贫方案，带领贫困地区群众走进农家书屋，形成良好的阅读兴趣，为精准扶贫工作的开展助力。并且，图书馆在积极推进精准扶贫工作的过程中，还邀请专家学者等深入基层，为农民群体提供多元化的文化服务，用老百姓听得懂的语言讲解先进的农业技术、农业发展模式等，丰富贫困地区群众的知识结构，强化他们参与农业种植和农业生产的专业技能，从而使图书馆公共服务工作的开展真正延伸到群众的家门口，使基层群众也能共享公共图书馆建设发展的成果。

### （三）开发大数据服务体系

现代社会公共图书馆服务体系的建设需要探索先进技术的有效应用，山西省在推进公共图书馆服务模式创新的过程中，也尝试引入数字化建设思想，在大数据技术的支持下开发图书馆综合服务工作，设计了多种类型的图书馆服务活动，使图书馆在助力全民阅读、推动山西省公共文化建设事业稳定发展方面的作用得到了充分发挥。在信息技术的支持下，山西省在对大数据服务体系进行建设的过程中，开始结合数据信息技术的应用发布山西省公共图书馆服务大数据黏度报告，对图书馆开展数据化服务的情况进行判断，并在报告中明确下一步数据化的建设方向。在此过程中，山西省公共图书馆不断引进先进的管理技术和服务模式，重点改进和创新多元化的管理体系，探索了数字图书馆的构建，通过线上线下融合的方式为读者群体提供多元化的信息资源服务和阅读服务，全方位推动特色服务模式的开发，在特色数据资源库的支撑下保障了专题活动的开展和文化惠民工程的系统推进，也极大地加快了山西省图书馆的现代化发展进程。

# 参考文献

[1] 周缨.基于生态链的创意产业公共服务研究[D].上海：复旦大学，2008.

[2] 梁晓杰，徐萍，眭凌.引航的行业特征和属性探讨[J].中国港口，2014.

[3] 张正禄.公共服务体系下的公共图书馆服务创新[J].内蒙古科技与经济，2010.

[4] 马庆钰.公共服务的几个基本理论问题[J].中共中央党校学报，2005.

[5] 陈会谦，任左菲，冯皓莉.现代公共文化服务体系基本特征探析[D].河北：河北工程大学，2017.

[6] 方小苏.基于公平与效率的图书馆服务机制构建[J].浙江警察学院图书馆，2007.

[7] 高冰.甘肃省基本公共服务均等化的财政思路与对策[J].财会研究，2008.

[8] 黄俊贵.公共图书馆的服务原则及其实践[J].中国图书馆学报，2006.

[9] 杨勇.我国政府公共服务市场化的范围界定和途径选择研究[D].甘肃：兰州大学，2007.

[10] 曾加友.双流县供水工程城乡一体化问题研究[D].四川：西南交通大学，2015.

[11] 闫璐明.电力社会普遍服务资金补偿机制研究[D].北京：华北电力大学，2007.

[12] 王新刚.浅析公共图书馆服务体系[J].科技情报开发与经济，2014.

[13] 康建平.现代公共文化服务体系中的公共图书馆[J].内蒙古图书馆，2017.

[14] 赵素卿.公共服务理论研究概述[J].中共山西省委党校学报，2005.

[15] 陈鸿福.湄洲湾LNG船舶海事安全监管研究[D].大连：大连海事大学，2014.

[16] 马庆钰.关于"公共服务"的解读[J].中国行政管理，2005.

[17] 曾咏秋.公共图书馆在文化服务体系中的作用[J].武汉图书馆，2013.

[18] 张志伟.城乡统筹背景下农村住区公共服务设施配置研究[D].山东：山东建筑大学，2012.

［19］苟素心.公共图书馆针对弱势群体和青少年心理引导服务价值体现［J］.黑龙江史志，2015.

［20］于静.公共服务问题的行政法学研究［J］.中共太原市委党校学报，2006.

［21］李鹏.公共图书馆与创建公共文化服务体系之间关系的实践探索［J］.齐齐哈尔市图书馆，2020.

［22］郑怿昕.智慧图书馆环境下馆员核心能力研究［D］.江苏：南京农业大学，2015.

［23］王素芳.我国城市弱势群体信息获取问题初探［J］.图书情报知识，2004.

［24］谢晔.基于跨界合作的公共图书馆延伸服务研究［D］.福建：福建师范大学，2018.

［25］姚星惠，田燕妮.我国《公共图书馆法》中"应当"的法律含义与意义分析［D］.公共图书馆，2018.

［26］希雨莲.公共文化服务体系下图书馆服务创新的设想［D］.数字与缩微影像，2019.

［27］夏梦.中国大陆与台湾地区公共图书馆服务比较研究［D］.吉林大学，2012.

［28］卞修龙.厦门公共图书馆服务体系研究［D］.福建师范大学，2018.

［29］许建业."十三五"时期我国城市图书馆创新发展的理性思考——基于城市发［J］.图书馆建设，2017.

［30］詹俊.推进上海市经济政治文化全面协调发展［J］.当代学生，2004.

［31］范并思.认识公共图书馆的制度意义——重读《公共图书馆宣言》［J］.图书馆建设，2019.

［32］肖频.移动图书馆服务现状及应对策略［J］.图书馆学刊，2014.

［33］钟代兴.基层公共图书馆服务体系建设的研究［J］.办公室业务，2015.

［34］束漫.影响城市公共图书馆服务的大环境因素［J］.图书馆论坛，2007.

［35］宋猛.基于公共图书馆的社会公共文化服务体系建设研究［D］.云南大学，2016.

［36］黄惠英.公共图书馆服务体系建设的现状与对策研究［J］.中国培训，2015.

［37］张培培.我国专业数据库数字化建设发展策略研究［D］.河南大学，2016.

［38］王健.公共图书馆服务体系建设的现状与对策［J］.办公室业务，2019.